BLOCKCHAIN
AND THIRD-PART EVALUATION

区块链
与第三方评定

中国质量认证中心◎著

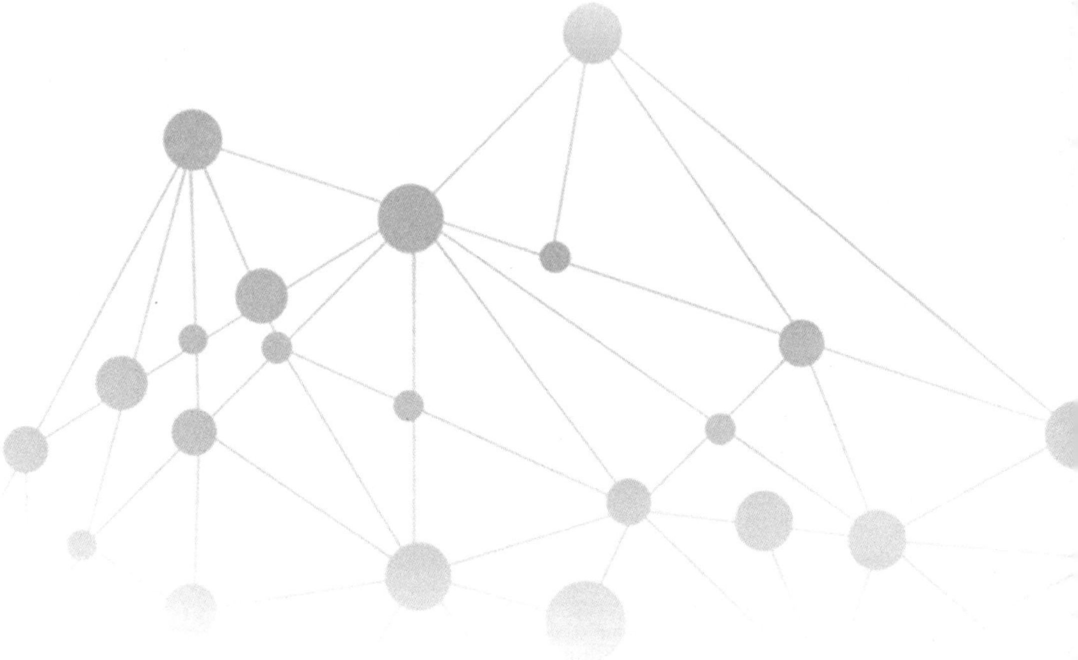

中国经济出版社
CHINA ECONOMIC PUBLISHING HOUSE
北 京

图书在版编目（CIP）数据

区块链与第三方评定/中国质量认证中心著. --北京：中国经济出版社，2021.8

ISBN 978-7-5136-6508-7

Ⅰ.①区… Ⅱ.①中… Ⅲ.①区块链技术-研究 Ⅳ.①F713.361.3

中国版本图书馆 CIP 数据核字（2021）第 127510 号

责任编辑 姜 静
责任印制 马小宾
封面设计 华子图文

出版发行 中国经济出版社
印 刷 者 北京艾普海德印刷有限公司
经 销 者 各地新华书店
开 本 710mm×1000mm 1/16
印 张 14.75
字 数 219 千字
版 次 2021 年 8 月第 1 版
印 次 2021 年 8 月第 1 次
定 价 78.00 元
广告经营许可证 京西工商广字第 8179 号

中国经济出版社 **网址** www.economyph.com **社址** 北京市东城区安定门外大街 58 号 **邮编** 100011
本版图书如存在印装质量问题，请与本社销售中心联系调换（联系电话：010-57512564）

《区块链与第三方评定》

编委会

主　　编： 中国质量认证中心

副 主 编： 谢肇煦

执行主编： 徐少山

撰 稿 人：（按音序排序）

曹　寅　董　宁　董文宇　杭小勇

黄晏清　刘福文　齐　爽　王国友

王　凯　王　珂　谢文杰　谢卓林

辛思海　徐　军　徐少山　严志农

阎军智　杨　波　杨　辉　云　瑶

张　沛　张奕卉　周　沙　朱轩彤

朱　莹　庄小君

序 言

2019年10月24日，中共中央政治局就区块链技术发展现状和趋势进行第十八次集体学习。中共中央总书记习近平在主持学习时强调，区块链技术的集成应用在新的技术革新和产业变革中起着重要作用。我们要把区块链作为核心技术领域自主创新的重要突破口，明确主攻方向，加大投入力度，着力攻克一批关键技术，加快推动区块链技术和产业创新发展。区块链技术应用已延伸到数字金融、物联网、智能制造、供应链管理、数字资产交易等多个领域。目前，全球主要国家都在加快布局区块链技术发展。我国在区块链领域拥有良好基础，要加快推动区块链技术和产业创新发展，积极推进区块链和经济社会融合发展。

第三方评定行业在社会经济生活中扮演着重要的角色，通过第三方评定技术和第三方评定程序，在社会生产、生活、贸易中产生和传递信任。区块链技术则是通过数字技术手段实现了网络世界、比特世界中“信任”的产生和传递。区块链技术的应用，从技术的角度实现了不能篡改，对第三方评定的对象和第三方评定的流程都会产生约束，明了违规成本，实现责任追究。

首先，传统的第三方评定机构依托其第三方的社会属性作公证背书，区块链技术则是通过技术手段创造和传递信任。这必将对传统第三方机构及第三方评定模式产生巨大冲击，甚至产生变革式、颠覆性的影响；在特定情况下，还会替代现有的检验检测认证模式、工具和环节。例如可以实现第三方评定活动的全流程跟踪。区块链中的信息生成方式是将数据打包成区块，然后加上时间戳形成一个链。这样一套流程与商品供应链流程类似，可以与供应链体系完美契合。一件商品从原材料选购、加工等生产环节开始，到检验、运输、入库、上架销售等，可以依据时间顺序上链，做一个完整的过程记录，为第三方评定决定提供有效的依据。

其次，区块链技术天生的时间可追溯性和不可篡改性，在一定程度上可以优化和改进第三方评定的过程，可以有效提高业务处理速度，提高协作效率，降低成本。“区块链+第三方评定”的应用，也将进一步深化检验检测认证监管模式，节约信息传递成本，提升检验检测认证的公信力，减少企业及第三方评定人员的弄虚作假，优化第三方评定行业的环境和生态。

最后，第三方评定机构有很多数据，严格意义上来说这些数据虽然是由第三方评定机构生产的，但并不完全属于第三方评定机构。第三方评定机构只是把很多分散的数据集中到了一个统一的地方。传统的大数据是以数据所有权为边界的，而“区块链+隐私计算”技术则重新定义了数据的边界，是以能够链接的数据为边界来定义数据的，而不是以占有多少数据来定义的。利用“区块链+隐私计算”技术，可以在加密的情况下对数据进行耦合计算，这样可以有效把数据的所有权和使用权进行分离。在客户对原始数据授权的情况下，既利用了原有的数据价值，也不必担心泄露原始数据，保证了客户的隐私安全，使第三方评定行业更加有价值。

第三方评定行业作为国家产业发展和技术创新的重点领域，面临着巨大的机遇和挑战。如何应对挑战、破解发展难题，是当前第三方评定行业的一个关键课题。应用区块链技术的数据无法随意篡改和删除特性，不仅保证了历史的可追溯性，也提高了作恶成本。区块链技术用代码构建了信任的方式，与第三方评定传递信任的本质契合，因而可与第三方评定业务相结合。区块链将降低甚至消除信息的不对称，让信息流通变成价值流动。凡是需要第三方背书的信用节点，都可以用区块链来代替或改造。所以，应用区块链技术对于第三方评定行业有着深远的影响。

中国质量认证中心（China Quality Certification Centre，CQC）是由中国政府批准设立，被多国政府和多个国际权威组织认可的第三方专业认证机构，隶属中国检验认证集团。CQC 不仅在认证领域扎实研究，近几年对区块链技术也在不断跟踪学习。自 2017 年，CQC 专门成立了课题组，研究应用区块链技术开展第三方评定的可行性，与诸多知名区块链行业专家、政府部门、行业组织及企业深入沟通和研讨，结合实际场景探索区块链技术的应用方案。区块链技术的行业应用案例，既为政策制定者提供了在政策设计和实施过程中考虑使用区块链技术的方法论，也积极响应了中央关于区块链技术研究和应用的重要指示。此外，对于区块链行业的企业家和创业者来说，相关行业应用的案例也为其提供了更好用自己的先进产品和技术服务国家重大战略的思路。

本书的写作目的是希望能为区块链在第三方评定行业的应用提供参考，以区块链真实案例和实操分析的形式，为读者展示区块链技术如何改造第三方评定。本书共十八章，集合了二十多位作者的研究成果，每位作者都有着丰富的区块链实操经验，并且在区块链领域内颇具声望。他们专门从区块链技术在第三方评定领域应用的角度开展研究，包括可能遇到的基础技术、瓶颈、风险和管理问题；基于区块链技术的评价分析和关键技术，积极探索相关标准和评价方法的可行性。本书涵盖了区块链最新技术研究内容，可作为能源、制造业、行政管理、身份管理、食品、应急物资供应链、司法等行业应用分析参考用书。

最后，我谨代表中国质量认证中心，再次感谢本书的各位合著者（按音序排名）：曹寅、董宁、董文宇、杭小勇、黄晏清、刘福文、齐爽、王国友、王凯、王珂、谢文杰、谢卓林、辛思海、徐军、徐少山、严志农、阎军智、杨波、杨辉、云瑶、张沛、张奕卉、周沙、朱轩彤、朱莹、庄小君，并向在本书调研和编写工作中予以大力支持的中国信通院、中国移动研究院、中化商务有限公司、沃尔玛等科研单位和机构表示衷心感谢！希望本书能在认识区块链、第三方评定行业区块链应用等方面为广大读者提供启发和帮助。

谢肇煦

2021年5月

目 录

第一章　区块链技术概述 | 云瑶　徐少山 ………………………… 001

一、区块链的定义 ………………………… 002

二、区块链的核心技术 ………………………… 002

三、区块链技术的特点 ………………………… 004

四、区块链的分类 ………………………… 005

五、区块链的技术架构 ………………………… 006

六、区块链的行业应用场景 ………………………… 011

参考文献 ………………………… 015

第二章　认证场景中应用区块链技术的探索及趋势 | 齐爽　朱莹 …… 017

一、认证活动中的关键环节及现状分析 ………………………… 018

二、区块链技术应用于认证活动的可行性分析 ………………………… 021

三、区块链技术应用场景分析 ………………………… 022

参考文献 ………………………… 024

第三章　区块链技术在第三方评定实验室管理中的应用 | 云瑶　杨辉 ………………………… 025

一、第三方评定实验室的概况 ………………………… 026

二、第三方评定实验室存在的问题 ………………………… 027

三、基于区块链技术的实验室管理方案 ………………………… 030

四、建立第三方评定实验室联盟链 ………………………… 032

五、小结 ………………………… 032

参考文献 ………………………… 033

第四章 区块链在 TIC 行业的应用探讨 | 周沙 张沛 徐少山 黄晏清 …… 035

一、区块链在 TIC 行业的应用方向 …… 036

二、小结 …… 042

第五章 借力区块链技术，促进制造业高质量发展 | 杨辉 王国友 …… 045

一、区块链在制造业场景下的应用 …… 046

二、如何利用区块链技术提高产品质量 …… 047

三、借助区块链改善诚信现状，提高制造业质量整体水平 …… 048

四、问题与展望 …… 049

参考文献 …… 049

第六章 基于区块链的身份识别系统应用场景的探索与实践 | 辛思海 …… 051

一、身份识别系统的发展现状及痛点 …… 052

二、应用区块链进行节点互信的技术原理构建新身份识别机制 …… 054

三、利用节点互信技术进行移动互联网对接情况 …… 056

四、总结与未来工作展望 …… 060

参考文献 …… 060

第七章 区块链身份管理案例分析 | 曹寅 …… 063

一、当前身份管理系统存在的问题 …… 064

二、区块链作为身份管理的解决方案 …… 065

三、案例分析：瑞士楚格市数字身份项目 …… 067

第八章 区块链数字身份认证基础设施 | 阎军智 杭小勇 刘福文…… 073

一、传统 PKI 技术在移动通信网中的问题 …… 074
二、基于区块链的数字身份关键技术 …… 076
三、基于区块链数字身份应用案例 …… 082
四、小结 …… 086
参考文献 …… 087

第九章 区块链与行政监管 | 徐少山 徐军 严志农 …… 089

一、区块链的背景和特点 …… 090
二、行政监管的特点 …… 092
三、发挥区块链的特性，用于行政监管 …… 092
四、行政监管应用区块链可能面临的挑战 …… 095
五、小结 …… 096
参考文献 …… 097

第十章 区块链在数字政务领域的应用前景及挑战 | 张奕卉 …… 099

一、数字政务发展现状及痛点 …… 100
二、区块链为数字政务发展带来新契机 …… 101
三、当前区块链在数字政务领域的应用 …… 102
四、“区块链+数字政务”面临的挑战 …… 104
五、总结与展望 …… 105
参考文献 …… 105

第十一章 区块链增强食品供应链透明度的应用实践 | 严志农 谢卓林 …… 107

一、区块链技术的优势 …… 109
二、沃尔玛关于区块链技术的实施方案 …… 110
三、展望 …… 112

第十二章　应急物资供应链应用区块链技术的可行性研究丨云瑶　徐军 …… 115

一、应急物资供应链存在的问题 …… 117
二、区块链技术在应急物资供应链中的应用优势 …… 119
三、建立"应急物资供应链+区块链"的新机制 …… 120
四、小结 …… 124
参考文献 …… 124

第十三章　区块链技术助力能源转型丨朱轩彤 …… 127

一、区块链技术顺应能源行业发展趋势 …… 128
二、区块链在能源系统的典型应用 …… 129
三、能源区块链前景可期 …… 133
参考文献 …… 134

第十四章　区块链在司法领域的应用场景丨王凯 …… 137

一、区块链技术+生道执行 …… 138
二、区块链技术+执行查封 …… 139
三、区块链技术+司法存证 …… 140

第十五章　企业如何选择适合的区块链技术平台丨董宁　谢文杰 …… 145

一、业务需要的去中心化程度 …… 147
二、业务领域的复杂度 …… 151
三、企业级区块链平台选型策略 …… 153

第十六章　发展区块链技术对推动数字化社会及疫情应对的价值丨董宁　徐少山 …… 157

一、习近平总书记在区块链方面的重要指示 …… 158
二、疫情对公共信用的挑战 …… 159
三、区块链与疫情相关的应用场景 …… 161
四、结语 …… 162

第十七章 区块链与边缘计算的协同创新探索 | 董文宇 王珂 庄小君 杨波 …… 165

一、区块链+边缘计算协同发展思路 …… 166
二、区块链+边缘计算的应用场景 …… 168
三、区块链+边缘计算的技术实践 …… 176
四、边缘计算+区块链的发展展望 …… 178
参考文献 …… 179

第十八章 区块链安全技术研究 | 王珂 杨波 …… 181

一、区块链与安全概览 …… 182
二、区块链天然具有安全特性 …… 183
三、区块链的技术特征可被用于恶意攻击 …… 184
四、区块链的安全风险分析 …… 185
五、区块链的安全要求与增强机制 …… 187
六、总结 …… 191
参考文献 …… 192

附录一 相关新闻报道 …… 193
附录二 区块链复盘 …… 196
附录三 全国及各省（区、市）区块链产业政策汇总 …… 206

第一章

区块链技术概述

云　瑶　徐少山

一、区块链的定义

区块链技术起源于化名为“中本聪”（Satoshi Nakamoto）的学者在2008年发表的一篇论文《比特币：一种点对点电子现金系统》。他在论文中第一次提出了作为比特币底层技术的区块链概念。那么区块链到底是什么呢？中华人民共和国工业和信息化部指导发布的《中国区块链技术和应用发展白皮书（2016）》给出了这样的定义：区块链是一种按照时间顺序将数据区块以顺序相连的方式组合成的链式数据结构，并以密码学方式保证的不可篡改和不可伪造的分布式账本。简单地说，区块链可以理解为一个去中心化的数据库，区块链技术可以理解为一种分布式账本的记账技术。

二、区块链的核心技术

（一）共识机制

共识机制是指确保系统记账一致性的算法、措施和规则，旨在解决不同节点之间信任的问题。区块链的共识机制具有两个特点：一是根据链上的节点个数、计算能力、股权数或其他特征量的多少来决定记账权[1]。二是当满足条件时，所有节点都拥有平等的权益。区块链常用的共识机制有三种，分别是工作量证明机制（Proof Of Work，POW）、授权股权证明机制（Delegated Proof-Of-Stake，DPOS）、权益证明机制（Proof Of Stake，POS）。它们各自有不同的优缺点（表 1-1）。在实践中，需要根据区块链系统的环境和性能等诸多要求来选择相应的共识机制，选择适当的共识机制是考量区块链项目落地需要的重要指标之一。

表 1-1　区块链常见的三种共识机制对比

	工作量证明机制（POW）	授权股权证明机制（DPOS）	权益证明机制（POS）
概念	指系统为达到某一目标而设置的度量方法。简单理解就是通过对工作的结果进行认证来证明完成了相应的工作量。按劳分配，多劳多得	该机制拥有一个内置的实时股权人投票系统，就像随时都在召开股东大会，所有的股东都在这里投票决定公司决策	要求证明人提供一定数量货币的所有权。按照持有此币的数量比例及持有的时间，来决定记账权的归属
优缺点	优点：结果能被快速验证，系统承担的节点量大，作恶成本高； 缺点：需要消耗大量的算法，达成共识的周期较长，消耗能源，污染环境	优点：参与的节点的数量较少，从而达到秒级的共识验证周期； 缺点：无法摆脱代币，不能完美解决区块链在商业中的应用问题	优点：缩短达成共识所需的周期，比 POW 更加节约能源； 缺点：本质上仍然需要网络中的节点进行挖矿运算，转账的真实性较难保证

资料来源：作者整理。

（二）密码学原理

为了保证区块链上数据的安全和不可篡改，它的很多环节运用到了密码学原理，包括哈希算法、非对称加密算法等。为了保证交易不能被伪造，区块链需要采用非对称加密算法对交易进行确认和验证；为了保证交易数据不被篡改，区块链需要采用哈希函数并按照一定规则将区块链接在一起。

（三）分布式存储

数据库主要以三种形式呈现：中心式、分散式和分布式。区块链技术采用的是分布式存储方式，它主要有两个特性：一是不同于传统的 P2P（点对点）将数据分割成多份进行存储，区块链上的每个数据节点都会存储一份完整的数据，并且能保持实时更新。二是区块链上的节点都是独立存在的，所有的节点都拥有平等的权利与义务，所有的节点通过共识机制来保证存储的一致性，并且参与的节点的数量与整个系统的安全性成正比[2]。

三、区块链技术的特点

（一）去中心化

区块链网络中分布着众多的节点，它们之间的权利与义务是平等的，整个系统由所有节点共同来维护，所以这就使节点之间无须通过一个中心化的机构就可以直接进行数据交换。例如，我们常规的转账交易需要通过银行这个中心机构来实现，而在区块链网络中，我们能实现用户对用户直接转账。

（二）不可篡改

区块链的很多环节使用了密码学原理，这就可以保证信息一旦添加到链上就无法被篡改，这使数据变得更加安全可靠，避免了一切人为操作的可能性。而且其分布式存储的特性也保证了想要实现篡改至少要掌握全部数据节点的51%，这在实践中是不可能实现的。

（三）可追溯

由于区块链运用哈希算法原理，它的链接形式是后一个区块拥有前一个区块的哈希值，每一个区块都和前一个区块有联系，串联起来就形成了区块链，因此区块链上保存了从第一个区块开始的所有历史数据，区块链上任意一条记录都可以进行追溯。

四、区块链的分类

区块链根据不同的标准，有不同的划分方式。按开放程度划分，区块链可以分为公有链、联盟链和私有链；按应用范围划分，区块链可以分为基础链、行业链；按原创程序划分，区块链可以分为原链、分叉链；按链与链的关系划分，区块链可以分为主链和侧链；按层级关系划分，区块链可以分为母链、子链。下面主要介绍区块链类型中最基础的公有链、联盟链、私有链（表 1-2）。

表 1-2　区块链三种链的对比

分类	公有链	联盟链	私有链
参与者	任何人	预先设定或满足条件的后进成员	企业或机构内部
去中心化程度	去中心化	多中心化	中心化
突出优势	信用自建、数据公开	效率、成本、安全性	透明、可追溯
激励机制	需要	可选择	不需要
承载能力	少于 10 笔/秒	1000~10000 笔/秒	1000~100000 笔/秒
典型代表	比特币、以太坊	R3 银行的联盟	企业的中心化系统

资料来源：作者整理。

（一）公有链

公有链（Public Blockchain）是一种面向公众的、任何人都可以参与其中的区块链类型。在公有链中，没有一个中心服务器，也没有一个官方的组织或管理机构，链上的所有节点可以自由进行交易，不受其他人控制，每个节点之间通过共识机制保持一致性[3]。公有链是一种完全去中心化的区块链类型，它通过运用密码学原理来保证交易不可篡改、验证交易信息及形成激励，在彼此独立的网络环境中建立共识机制，从而形成去中心化的信用体系。在公有链中，最常用的共识机制有工作量证明机制或权益证明机制，一般比较适合于电子货币、电子商务、互联网金融等应用场景。

（二）联盟链

联盟链（Consortium Blockchain）是一种共识过程受到预先设定节点控制的区块链类型。联盟链只限于预先选定的联盟成员参与，每个联盟成员作为一个节点，各个节点在链上的权限按联盟共同制订的规则来设定。联盟链是一种多中心化的区块链系统，它的整个网络由全体联盟成员共同维护，通过各联盟机构的网关节点接入网络，共识过程由预先选好的节点来控制[4]。联盟链一般多采用权益证明机制或 PBFT（Practical Byzantine Fault Tolerance，实用拜占庭容错算法）等共识算法，比较适合于机构间的交易、结算或清算等 B2B 场景，如在银行间进行支付、清结算的系统就可以采用联盟链的形式。

（三）私有链

私有链（Private Blockchain）是一种中心化的区块链类型。它所有的权限由这个中心化的组织和机构来控制。私有链一般应用于企业内部的系统，所以它的运作规则要根据企业的具体要求进行设定，如企业的数据库管理系统、审计系统等。私有链与传统中心化的数据库对比，最大的价值主要是可以提供更加安全、透明、可追溯的平台，对于来自内部和外部的数据安全攻击可以进行有效的防范。

五、区块链的技术架构

区块链系统的基础架构一共有六层，包括数据层、网络层、共识层、激励层、合约层和应用层，如图 1-1 所示。

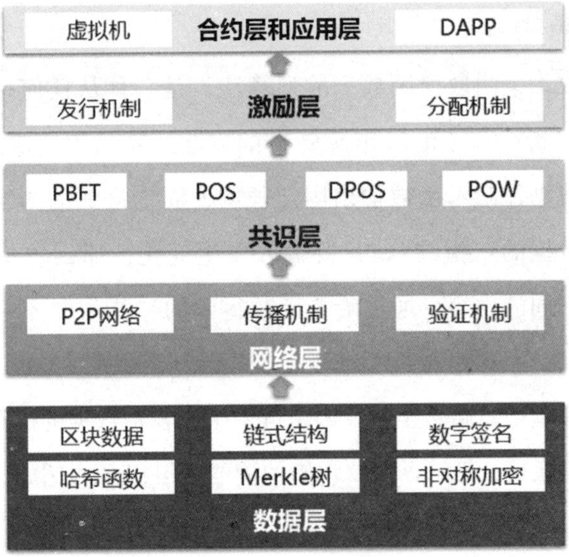

图 1-1 区块链技术架构

资料来源：信通院《区块链在金融领域的应用》。

（一）数据层

数据层是最底层的技术，主要实现了两个功能，一个是相关数据的存储，另一个是实现账户和交易的安全。数据层包含了底层的基础区块数据和基础加密算法哈希函数、非对称加密算法等众多底层技术；数据的连续分布式存储主要依靠 Merkle 树和时间戳技术来实现，交易安全则由数字签名、哈希函数和非对称加密等多种密码学算法和技术来实现，保证了交易在没有中心信任节点的情况下可以安全进行。

1. 时间戳

时间戳是一个能表示一份数据在某个特定时间之前已经存在的、完整的、可验证的数据，通常是一个字符序列，唯一地标识某一刻的时间。时间戳能够保证每条数据的真实性、完整性和不可修改，能够有效地避免造假行为。通过时间戳将每个区块依次顺序相连，使区块链上的每笔交易数据都具有时间标记，构成了不可逆向修改的“数据链条”。

2. 哈希函数

哈希函数，又叫散列函数、散列算法，是一种从任何一种数据中创建小的数字“指纹”（也叫作摘要）的方法。就是说，输入任何长度、任何内容的数据，哈希函数输出固定长度、固定格式的结果，这个结果类似于输入数据的“指纹”。只要输入发生变化，那么“指纹”一定会发生变化。不同的内容，通过哈希函数得到的“指纹”不一样，这就是哈希函数。

（1）快速验证。哈希函数在区块链中生成各种数据的摘要，当比较两个数据是否相等时，只需要比较它们的摘要就可以了。例如，比较两个交易是否相等，只需要比较两者的 Hash 值即可，快捷又方便。

（2）防止篡改。传递一个数据，要保证它在传递过程中不被篡改，只需要同时传递它的摘要即可。收到数据的人将这个数据重新生成摘要，然后比较传递的摘要和生成的摘要是否相等，如果相等，则说明数据在传递过程中没有被篡改。

（3）用于 POW 共识算法工作量证明。就是给定一定的数据，然后让你寻找其他的数据，合并起来计算出来的 Hash 值小于某个值。

3. Merkle 根

Merkle 根是一种哈希二叉树，通常包含区块体的底层（交易）数据库，区块头的根哈希值（即 Merkle 根），以及所有沿底层区块数据到根哈希的分支。Merkle 根运算过程一般是，将区块体的数据进行分组哈希，并将生成的新哈希值插入 Merkle 根中，如此递归直到只剩最后一个根哈希值并记为区块头的 Merkle 根。Merkle 根的优点首先是极大地提高了区块链的运行效率和可扩展性，使区块头只需包含根哈希值而不必封装所有底层数据，可以使哈希运算高效地运行在智能手机甚至物联网设备上；其次是 Merkle 根可支持“简化支付验证”协议，即在不运行完整区块链网络节点的情况下，也能够对（交易）数据进行检验（图 1-2）。

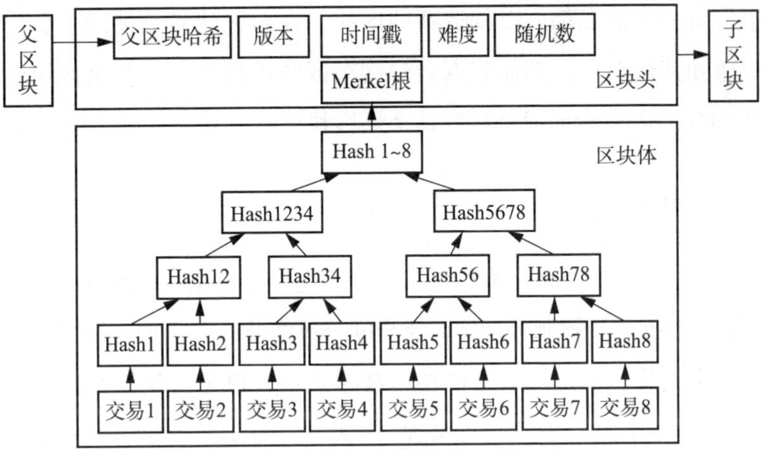

图 1-2 哈希函数算法结构图

资料来源：《精通比特币》中文版，Andreas M. Antonopoulos.

4. 非对称加密

非对称加密是为满足安全性需求和所有权验证需求而集成到区块链中的加密技术。非对称加密通常在加密和解密过程中使用两个非对称的密码，分别称为公钥和私钥。非对称密钥具有两个特点，首先是用其中一个密钥（公钥或私钥）加密信息后，只有另一个对应的密钥才能解开；其次是公钥可向其他人公开，私钥则保密，其他人无法通过该公钥推算出相应的私钥。非对称加密技术在区块链的应用场景主要包括信息加密、数字签名和登录认证。

（二）网络层

网络层用来实现区块链系统的信息记录、验证和传播，其中包括 P2P 组网机制、传播机制和验证机制等。区块链的网络系统本质上是一个 P2P（点对点）网络，点对点意味着不需要一个中间环节或中心化服务器来操控这个系统，网络中的所有资源和服务都是分配在各个节点中的，信息的传输也是在两个节点之间直接往来就可以了。每一个节点既接收信息，也产生信息。节点之间通过维护一个共同的区块链来保持通信。在区块链的网络中，每一个节点都可以创造新的区块，在新区块被创造后，会以广播的形式通知其他节点，其他节点会对这个区块进行验证，当全区块链网络中超过51%的用户验证通过后，这个新区块就可以被添加到主链上了。

（三）共识层

共识层主要负责协调所有网络节点上独立储存数据的一致性，实现数据一致验证和数据同步控制等功能。让高度分散的节点在去中心化的区块链网络中高效达成共识，是区块链的核心技术之一，也是区块链社区的治理机制。因为共识层决定了到底由谁来进行记账，记账者选择的方式将会影响整个系统的安全性和可靠性。共识机制在前文已经有详细的阐述，不再赘述。

（四）激励层

激励层不是必要存在的一层，在不同的区块链类型中是可选项。它主要负责区块链技术体系的激励架构建设，包括激励的发行和分配机制等。激励层主要出现在公有链中，因为在公有链中，必须激励遵守规则参与记账的节点，惩罚不遵守规则的节点，才能让整个系统朝着良性循环的方向发展。所以激励机制往往也是一种博弈机制，让更多遵守规则的节点愿意进行记账。而在私有链中则不一定需要进行激励，因为参与记账的节点往往是在链外完成了博弈，也就是可能有强制力或有其他需求来要求参与者记账。

（五）合约层

合约层主要负责将区块链的业务逻辑以代码的形式呈现出来，包含各种的脚本、智能合约和算法，可以完成既定规则下的条件触发和自动执行。数据层、网络层和共识层分别承担数据表示、数据传播和数据验证功能，合约层则是建立在区块链上的商业逻辑和算法，是实现区块链系统可编程化和可操作性的基石。

1. 脚本

脚本是区块链实现自动验证、自动执行合约的一种非常重要的技术。

交易的合法性验证是依赖于脚本的。一般分为两类脚本：锁定脚本与解锁脚本。锁定脚本是在输出交易上加上条件，只有满足脚本要求的条件，才能获取这个脚本上对应的资产。解锁脚本与锁定脚本相对应，需要满足锁定脚本要求的条件，才能花掉这个脚本上相应的资产。比特币的脚本机制比较简单，而以太坊的脚本机制是一套支持脚本的图灵完备语言。

2. 智能合约

智能合约是一个由计算机处理的、可执行合约条款的交易协议，其目标是能够满足特定的合约条件（支付、抵押、保密等）并尽量减小恶意攻击或意外事件发生的可能性，以及去中心化。智能合约高效的实时更新、准确的执行、较低的人为干预、去中心化及低成本等优点已经被广泛认可。

（六）应用层

应用层作为最终呈现在用户面前的部分，主要适配区块链的各种应用场景和案例，为终端用户提供各种应用和服务。例如，搭建在以太坊上的各类区块链应用就是部署在应用层里的，所谓可编程货币和可编程金融也将会搭建在应用层里。

综上所述，区块链依靠分布式数据存储、P2P 网络、非对称加密算法等技术将区块以链式结构连接，构成一个分布式的共享账本。在这个账本中，由共识算法来决定记账者，由数字签名和哈希算法保证账本中的交易安全，由时间戳和哈希函数保证区块链上的信息可以追溯源头，可见区块链技术并不是一种新的技术，而是 P2P 网络、共识算法、非对称加密等技术的新型组合。

六、区块链的行业应用场景

近几年来，区块链技术在各领域应用落地的步伐不断加快，正在金融、供应链、社会公共服务、司法存证、医疗健康、农业、能源等多个垂直行业探索应用，在这些领域中，区块链已经有了相对成熟的项目和研究成果。区块链技术作为一种全新的工具，帮助社会削减平台成本，让中间机构成为过去，与此同时，区块链的数据上链有望促进传统的数据记录、传播及存储管理方式的转型。从社会角度来看，区块链技术有望将法律与经济融为一体，彻底颠覆原有社会的监管模式和组织形态。区块链技术的应用主要分为以下三个阶段。

第一阶段：以可编程数字加密货币体系为主要特征的区块链 1.0 模式，代表性应用是比特币，主要解决了货币支付手段的去中心化。

第二阶段：以可编程金融体系为主要特征的区块链 2.0 模式，这一阶段主要加入了“智能合约”的概念，试图把任何资产变成数字化形态进行交易，使区块链从最初的货币体系拓展到证券交易、股权转让等金融领域。

第三阶段：以可编程社会为主要特征的区块链 3.0 模式，该阶段的应用场景将不仅仅局限于货币、金融等领域，而是扩展到社会生活的方方面面。

区块链行业应用场景如图 1-3 所示。

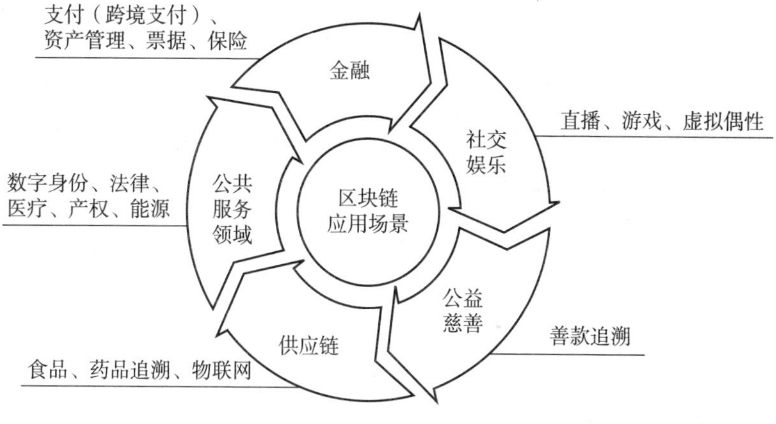

图 1-3　区块链行业应用场景

资料来源：《腾讯区块链白皮书 2017》。

（一）金融行业

金融服务是目前区块链技术场景最为丰富的行业之一。对于金融机构来说，数据是核心的资产，也是风控和信用的载体。区块链技术具备的在解决信息不对称与“信息孤岛”等方面的优势，使其在金融行业中的发展较早，应用较其他行业也相对成熟。目前，区块链技术在金融行业应用的场景除供应链金融、资产证券化、征信与风险等外，还被积极探索用于其他更为广泛的领域，并产生更大的经济规模效益。不仅是新兴区块链创业企业，如中国银联、招商银行、民生银行等传统银行机构，包括蚂蚁金服、百度金融、众安科技等在内的金融科技巨头已经开始布局并落地了相应的平台与项目。

（二）版权与公证行业

现在是知识变现的黄金时代，任何人都可以通过自己的原创作品获取一定的收益，然而目前的原创环境极其恶劣，盗图、抄袭的案例不胜枚举。传统版权登记方式耗时长、费用高，并且即使被抄袭了，作者们也存在举证难、维权费用高等痛点。利用区块链去中心化的技术特征，为原创作品嵌入十六进制的密码，这个密码会同时储存在区块链的所有计算机上，即相当于为原创作品登记了一张“电子身份证”，且永久有效，无法篡改。区块链的分布式存证运用在法律层面主要体现在版权保护、证据保全和电子智能合同等方面。对于版权保护，区块链让版权交易标准化成为可能；而对于电子证据来说，区块链实现了保真和验真。

传统的公证一般是基于政府机关的信用和公信力的，公证成本高、流程复杂。区块链的去中心特征让数据资料利用数学加密来做信用背书，在没有政府机关的介入下自动完成公证，且资料永久保留、可追踪。利用区块链技术可以帮助开发各种各样应用程序，包括审计系统、医疗信息记录、投票系统、财产契据、法律应用等。区块链技术维护了一个永久不可更改的、基于时间戳记录的数据网络，大大减少了进行独立审计、管理真实记录、遵守政府监管条例的成本和难度。

（三）社会公共服务

在社会公共服务中，区块链技术能与环保能源、个人记录管理、产权公证、选举投票、学术存证和公益慈善等领域很好地结合。分布式非化石能源是能源领域发展的主要方向之一。建立在区块链技术基础之上的智能电网将使电力规划和分配更透明高效，链上可记录每个用户的电力生产和消耗情况，从而实现对电力供应与消耗的有效管理，提升能源的使用效率。公证手续繁杂、房产交易不透明等问题也可以通过区块链的可追溯性和不可篡改性来解决。政治选举投票及企业股东投票，可借助区块链分布式共识验证、公开透明的特性来提高公信力。最重要的是，存储在每一个中心节点的身份认证信息可能存在不够完整或被恶意篡改的风险，区块链技术同样可以帮助提升身份信息的完整性，保证身份信息在多级流转中不被篡改，避免由于身份信息被篡改而对企业和个人造成巨大的损失。

（四）医疗领域

现在大量的医疗数据已经实现数字化，但却未能得到共享，区块链技术可以解决信息不完善、信息风险和信息无法访问的问题。区块链技术的数据不可篡改性、高冗余性及多私钥的复杂权限保管特性，保障了患者数据的安全性和透明性，同时区块链的可溯源性特点保障系统可以记录患者的每个生命体征，并且可以高效、准确地捕获与所用药物、每位医生诊断、患者疾病和手术相关的信息，大大地提高了医疗服务的质量，显著降低了相关成本和风险。在医疗领域中，区块链在电子病历、药品防伪、医疗废弃物管理、基因数据存储和医疗可穿戴设备等方面的应用前景光明。电子病历实现了医疗数据共享，极大地方便了医院和患者掌握完整的医疗记录和历史数据。药品防伪则实现从医药和器械厂家到消费终端的监管，药品供应链上的所有节点都将会在区块链上进行记录和验证，通过区块链的可追溯性特点来杜绝假冒伪劣药品。对于医疗废弃物监管，则可通过应用区块链技术，健全医疗废弃物院内流转追溯机制，使医疗垃圾登记在册，有迹可循。

（五）供应链

区块链技术最具普遍应用性的一面就是它使交易更加安全，监管更加透明。简单来说，供应链就是一系列交易节点，它连接着产品从供应端到销售端或终端的全过程。从生产到销售，产品历经了供应链的多个环节，有了区块链技术，交易就会被永久性、去中心化地记录，这降低了时间延误、成本和人工错误。基于区块链技术，供应链可以通过确保产品的有效性，降低产品伪造或低质量的风险性，并且将使供应链成员变得更加诚实。

参考文献

［1］李俊．技术和法律：区块链金融发展的双轨［J］．上海立信会计金融学院学报，2017，000（3）：54-59.

［2］王新建．区块链技术在房产信息全国联网中的应用［J］．中国房地产（上月刊），2019，633（2）：20-23.

［3］龚鸣．区块链社会：解码区块链全球应用于投资案例［M］．北京：中信出版社，2016.

［4］付凯，倪平，曹元．区块链安全测试方案研究［J］．信息通信技术与政策，2018，000（12）：63-67.

作者简介

云瑶：中国质量认证中心经营发展部工程师；曾就职于美团点评，有丰富的互联网从业经验；2017 年开始关注区块链，现主要从事区块链相关政策支撑、行业发展跟踪、前沿技术研究等工作；主要研究方向为区块链技术在检验认证、食品安全、绿色建材、畜牧业等方面的应用。

徐少山：中国质量认证中心经营发展部处长，资源节约产品认证暨政府采购推进办公室主任。他长期从事制造业、服务业的质量管理、环境管理评定和供应链管理，参与能源、可再生能源、能效、低碳的政策研究、国际国内合作、相关产品和技术推广。他受中华人民共和国国家发展和改革委员会、中华人民共和国财政部、中华人民共和国工业和信息化部、中华人民共和国商务部、中华人民共和国教育部等单位的委托，在发展规划、节能减排、政府采购、冷链物流、食品安全等领域，开展和主持了多项工作。他先后承担和主持了十多项联合国开发计划署、世界银行、美国能源基金会、国际铜业协会、英国使馆委托的研究项目。他自 2017 年开始跟踪和研究区块链技术及应用，目前就区块链技术在政府监管、食品安全、动物养殖、碳减排、绿色建材监管和 TIC 行业的应用有一定的研究和心得。

第二章

认证场景中应用区块链技术的探索及趋势

齐爽 朱莹

从20世纪20年代起，由于世界各国日益紧密的经贸联系，需要统一的标准体系及相对应的评价体系和结果，产品认证和体系认证应运而生并得到快速发展。国际标准化组织（International Organization for Standardization，ISO）和国际电工委员会（International Electrotechnical Commission，IEC）对“认证”的定义是：“由可以充分信任的第三方证实某一经鉴定的产品或服务符合特定标准或规范性文件的活动。”即，由独立的、具有可靠的执行认证制度能力的第三方机构，公开、公正、公平地出具证明已获得第一方（供方或卖方）和第二方（使用方或买方）的双方信任。可以说，认证活动是通过规范化、专业化手段解决信息不对称问题，向交易双方传递信任。

在技术高速发展的今天，区块链作为当下最炙手可热的信息技术之一，正被各行各业广泛探索应用于场景和实践中。由于该技术与生俱来的数据不可篡改、分布式储存、可扩展性等特点，在算法保护下，能够解决数据安全性、隐私保障、信息交换效率等实际场景问题，从而实现多方信息共享和价值传递。区块链技术真正的价值在于实现信任机制，这与认证活动所传递的信任理念不谋而合。本文将在认证场景中论述区块链技术应用的可能性。

一、认证活动中的关键环节及现状分析

各类认证活动都需要基于规范化的流程、广泛的数据采集和分析，从

而实现对认证结果的专业化评价。以产品认证为例，目前国际和国内普遍采用第五种认证模式（即型式试验+工厂质量体系评定+认证后监督的模式），其认证关键环节包括：认证受理、产品检测、工厂检查、获证后监督与结果评价等。各个环节都将通过不同的方式，从不同实施方处收集认证企业和产品的信息，最终影响认证结果的有效性。

（一）关键环节可获取的数据信息及渠道

在认证受理环节，认证企业需要提供产品和企业信息，以便于制订认证活动方案。产品和企业信息包括并不限于申请产品信息，设计方案及结构图，关键元器件或材料，供方名录，制造商与生产厂信息，委托加工协议，生产过程及检验数据等。

在产品检测环节，依据相应产品的标准和技术规范，由具备资质的实验室出具合格的型式试验报告。报告内容包含了产品各项检测指标的数值表现、产品结构及合格供方名录等。试验报告作为产品符合性证明材料，是决定认证结果的重要评价依据。

在工厂检查环节，依据相关实施规则和细则，由具备专业能力的审核人员对工厂质量保证能力进行检查。工厂检查将广泛收集企业在人、机、料、法、环等质量管理要素方面的各类信息，从而判定企业生产质量管理能力是否满足要求。工厂检查报告及相关材料同样作为重要的信息输入，作用于评价认证结果。

在获证后监督与结果评价环节，获证产品或企业质量管理体系一旦发生变化，认证机构将随时调整认证结果。认证机构通过各种方式对企业实施工厂检查、产品抽样或市场买样检测，以及质量信息收集等，监控获证企业的产品质量。

可以说，认证活动是通过一系列手段验证认证产品和企业持续符合认证标准要求的过程，其中将产生大量有效且持续的数据信息。这些数据的输入方包括认证机构、认证企业、实验室、工厂检查组、国家及地方质量监督部门等。各方提供真实有效的数据信息，认证机构全面系统地加以分析，最终确保认证质量，降低认证风险。

（二）认证环节中存在的数据痛点

1. 数据共享的实效性问题

传统的数据共享解决方案往往要求建立统一的数据中心，各个数据输入方需要将各自数据汇总到数据中心，由数据中心处理应用。这种传统的数据共享方案存在严重的数据沉淀、交换效率滞后及数据隐私方面的问题。由于企业之间的信息化系统的差异及隐私保护条例的限制，各个企业部门之间、企业与企业之间，以及行业与行业之间形成了若干的数据孤岛[1]。

2. 数据信息公信力问题

传统数据信息储存模式存在丢失或篡改数据的可能。以工厂检查为例，工厂检查数据信息需要检查组人为传递到系统中分类存储，由于并非实时储存数据，很可能发生上传数据错误。随着后续企业整改过程，上传过的材料并非不可更改，人员随时都可能对系统数据进行更新并补充。这一过程中很可能发生存储错误、更新不及时等问题，降低数据公信力。

3. 数据存储资源浪费问题

在中心化管理的模式下，认证机构要对所有沉淀下来的数据进行储存，并确保能够随时调用，这要求认证机构具备强大的系统来支持工作。事实上，认证过程产生的数据不仅认证机构会保存，各相关输入方也会同步保留其产生的部分，这就造成了多方数据存储的资源浪费。同时带来的问题还有，认证机构和各输入方储存的数据可能不一致。

4. 数据调用安全性问题

当要对认证过程数据进行调用时，由于系统不能实现精准调用，很可能产生数据泄露问题。以调用产品某项检测数据为例，需要调用产品相关试验报告。认证过程中存在多次试验报告，并且报告中体现的是多项检测数据，在实际调用中，最快捷的方式是系统调用出所有涉及的试验报告，由人工筛选需要的数据信息，这一过程中将释放出产品的所有检测信息，造成数据安全性问题。

二、区块链技术应用于认证活动的可行性分析

区块链作为一种技术集成创新，目前更多地应用于存在多方节点且需要信任基础的特定场景。认证活动要找到合适的应用场景，还是要从区块链技术自身的特性出发进行分析。

第一，区块链技术解决数据共享问题。区块链可以将认证各数据提供方都作为节点链接，构建分布式协作的产业互联网[2]，打破数据孤岛，保持各个节点的数据一致性，降低了数据存储调用压力，从而实现认证信息实时共享功能。

第二，区块链上任何活动的痕迹均可追溯并不可篡改，共识机制的重要作用之一是在这种机制下修改大量区块的成本极高，几乎是不可能的。区块链自身维护着一个按时间顺序持续增长、不可篡改的数据记录，提供包含所属权和时间戳的双重证据[3]。这促进了各节点谨慎对待上链数据的准确性，增加了修改认证数据的成本，使认证结果更具备公信力。

第三，区块链实现了多方监管及密码学等技术，能够更容易解决数据共享的安全性问题[4]。相关数据使用者不仅能够准确获知查询的信息，同时确保了其他数据信息不被泄露，既满足了认证活动仍在监管体系内，又严格履行为认证企业保密的职责。

第四，区块链技术和大数据分析相辅相成，促进数据使用效率。大数据和区块链的两个相同之处，一个是分布式数据库，另一个是分布式计算。区块链技术让数据的可追溯质量获得了前所未有的信用背书。大数据

高效灵活的分析技术又提升了区块链数据的价值和使用空间。两者相结合，促成了更多数据应用模型，释放更大的数据生产力[5]。

三、区块链技术应用场景分析

虽然区块链技术在解决认证过程的数据安全和共享方面具备明显的优势。但是，认证活动对区块链安全、性能、功能等要求不尽相同，区块链各组件技术的成熟度也存在差异，因此并不是所有认证业务都要运用区块链，也不是所有数据都要上区块链。对于区块链技术在认证场景中的应用，可能存在以下几种情况。

（一）弱中心化的联盟链将会成为主流方向

区块链在不引入第三方中介机构的前提下，可以提供去中心化、不可篡改、安全可靠等特性保证。理想化的区块链系统，是点与点之间的网络结构，似乎不需要任何管理它的机构，所有直接或间接依赖于第三方担保机构的活动，均可能从区块链技术中获益。但对于质量相关的认证活动，各参与方更多的是信息提供方而非认证决定方，认证过程中需要人为地监督和技术判断，认证结果也并非仅仅是数据统计的结果。认证活动仍然需要由中心点来统筹安排、实施监控、认证决定。

认证活动具备为交易双方提供专业技术服务、建立信任机制、维护市场秩序等特点，认证链条上涉及监管部门、认证机构、生产企业等多个相关方，为了保证认证活动在可控风险下，既能满足监管的需要，又能兼顾生产企业的保密性原则，建立弱中心化的联盟链将会成为主流方向。一是可以发挥区块链技术的优势，优化现有认证流程；二是仍然可以由认证中心担负起管理和把控认证风险的职责。区块链技术作为一种支持手段，为各类认证活动搭建底层的平台技术，根据业务特性进行综合设计，使其对业务系统和认证活动提供合理的支持。

（二）认证领域将迎来重大变革和创新业务

区块链技术将给认证活动带来巨大的变化，不仅将全面改造认证形式和流程，甚至某些认证模式将被取而代之，但是要必须认识到，区块链技术将扩展出更广阔的认证领域，原有手段不能实现的认证需求可能将很容易落地实施。例如，与进口或货值较高产品相关的原产地溯源认证，与传统模式下监管难度大、环节多相关的产品认证，与物流相关的服务认证，与电子商务相关的供应商质量管理评价，与跟踪企业或行业质量管理变化相关的数据分析，与政府透明化管理相关的各类认证等。

一是可以实现认证或生产全流程跟踪。区块链中的信息生成方式是，将数据打包成区块，加上时间戳，形成一个链。这样一套流程与商品供应链流程类似，可以与供应链体系完美契合。一件商品从原材料、加工等生产环节开始，到检疫、运输、入库、上架销售，可以依据时间顺序上链，形成一个完整的过程记录，为认证决定提供有效的依据。

二是增加认证活动的信用背书。在区块链的信息记录中，参与的机构远不止一家，彼此能够相互监督，而且因为信息上链的环节多，也增加了作假的风险与难度。链上信息的不可篡改。信息一旦上链就无法抹去，并且区块链的信息记录所有相关方都实现共享，相当于消解了中心化机构的部分权力，使认证活动更加透明。

区块链技术正在加速演进成熟，中国在区块链领域拥有良好的基础，技术研发、标准研制、生态培育、行业管理等工作正积极探索，促进技术落地，区块链技术的集成应用必将引发新的技术革新和产业变革。认证活动服务于市场经济，为市场中的各方提供专业指导，确保市场有序，在技术变革中更应拥抱新技术，积极推进区块链技术和认证活动融合发展。

参考文献

[1] 佘维，杨晓宇，胡跃，等. 基于联盟区块链的分布式能源交易认证模型 [J]. 中国科学技术大学学报，2018，048 (4)：307-313.

[2] 谭海波，等. 基于区块链的档案数据保护与共享方法 [J]. 软件学报，2019，30 (9)：2620-2635.

[3] 林小驰，胡叶倩雯. 关于区块链技术的研究综述 [J]. 金融市场研究，2016 (2)：97-109.

[4] 陈烨，许冬瑾，肖亮. 基于区块链的网络安全技术综述 [J]. 电信科学，2018 (3)：10-16.

[5] 杨望，曲双石，毛可若. 区块链+大数据：传统风控的变革利器 [J]. 当代金融家，2016 (9)：98-101.

作者简介

齐爽：中国质量认证中心副主任，中国电器工业协会常务理事，中国汽车工业协会信息服务委员会理事；先后承担了多项国家级认证课题研究，编写多本书籍，帮助解决了认证检查过程中的很多难题，是认证行业的资深专家和学者。

朱莹：中国质量认证中心市场部工程师；从事认证检验工作十余年，参与编写了多项团体标准和企业标准，组织策划多个认证及质量评价项目，发表多篇质量管理研究论文；2017 年开始关注区块链，主要研究方向为区块链技术在检验认证等方面的应用。

第三章

区块链技术在第三方评定实验室管理中的应用

云 瑶 杨 辉

一、第三方评定实验室的概况

第三方评定行业是国家质量基础设施的重要组成部分，也是国家创新体系建设的重要领域之一。第三方评定机构和实验室在促进我国经济转型升级、推动科技创新方面发挥着基础性作用。在贸易全球化、市场国际化的背景下，运用好信息化手段，提升我国第三方评定行业竞争力，打造具有国际影响力的第三方评定品牌，对提高工程质量、建设质量强国具有重要的现实意义。当前，互联网与各领域的融合不断深化，新技术应用日趋广泛，为第三方评定实验室实现信息化、智能化的有机融合提供了良好契机。本章着重探讨区块链技术在第三方评定实验室管理中的应用。

在市场经济中，第三方评定实验室是为贸易双方提供检测、校准服务的技术组织，实验室需要依靠完善的组织结构、高效的质量管理和可靠的技术能力为社会与客户提供检测、校准服务。依据实验室认可的资源要求，实验室应获得管理和实施实验室活动所需的人员、设施、设备、系统及支持服务。根据 CNAS 的认可准则，可以明确地看到公正性、真实性与可靠性是实验室认可的基础，也是出具的实验数据真实可靠的基础。公正性与真实性主要和组织与质量体系相关，可靠性也就是出具的数据准确性主要与人、机、料、法、环、测等相关。在实验室的管理中，如何管理好这些关键控制点，做好管理体系的策划与实施，确保实验结果的准确性和可靠性，是保证公正性的基础。

二、第三方评定实验室存在的问题

作为第三方评定实验室，提供给社会的产品是数据、结论等信息，并以证书报告的方式体现在大众面前。这些信息具有公证作用，结论的准确程度直接关系生产方、销售商和用户的切身利益。不准确的实验结论会影响使用报告的人员、部门的最终判断，给社会带来伤害，使实验室公信力受损，甚至需要承担相关法律责任。在实际运行中，大多数的经第三方评定的实验室能按照规范的要求开展检测和校准业务，出具的数据准确可靠，但仍有极少数的实验室因为管理、人员、环境等原因出现出具数据不准确、不能满足认可规范要求的情况，甚至个别实验室因为经济因素故意造假，出具虚假报告、编造数据，严重损坏了实验室公正性、准确性和可靠性，在经济活动中造成非常不好的影响。实验过程中主要存在以下几个问题。

（一）设备、设施和环境条件与实验室活动不匹配，对结果的准确性产生不利影响

不能明确设施和环境条件的技术要求，控制设施和环境条件的措施不到位，环境条件不能满足检验检测要求。

设备的参数不能满足使用要求，影响检验检测工作的正常开展。

因使用不当等原因导致设备性能得不到保持，设备被意外调整导致得出的结果偏离或失效。

没有实施设备期间核查，期间核查记录弄虚作假。

没有按照计划进行计量，导致设备超过计量时间；或者是重要设备关键参数/值没有校准。

在非固定场所开展工作时，设施和环境条件不能满足要求。

记录环境条件的设备出现问题，没有及时发现并更换，未记录对实验

结果有效性存在影响的环境条件信息，对设施环境条件编造记录、漏登记、不登记。

（二）样品管理不到位，影响最终检验检测结果

缺少唯一性标识和状态标识，多个样品未进行编号，样品标识混乱，或错误使用编号、重复编号，导致样品混淆。在样品管理环节，最令人头疼的是无法掌握每个样品放在哪里，保存周期是多久，样品的检测状态是怎样的，备样的状态是怎样的，哪些样品该销毁了等信息。传统采用Excel表格统计的模式，需要每天核查，每天记录，周而复始，效率极其低下。

样品保护措施不当，以致变质、污染、丢失或损坏。

样品未及时进行状态确认，样品原始状态偏离或有疑问，且未与委托方确认。

多个样品需进行不同检测项目，未加以区分。

（三）检测过程不规范，缺少可追溯性，记录真实性存疑

作业文件没有更新，或者未按照不同需求进行分发，现场缺少作业文件或文件不具备指导作用。

使用严重不符合要求的设备、设施、环境条件和方法等进行检验、检测。

使用没有校准过的重要设备，或超出校准范围使用。

技术记录信息不充分、不真实，缺少时间、地点、设备等必要信息，操作或核查人员未签名，不具有可溯源性。

技术记录更改不规范，原始记录不完整，不能充分支持证书报告。

检测报告和原始记录中的测试人、审核人、环境条件、设备等不一致。

纸质记录丢失，电子记录硬盘损坏、存储数据丢失且没有备份。

记录的检测日期早于接样日期，报告发出日期早于合同评审日期等。

（四）实验室监控结果有效性的手段单一，监控活动不能覆盖所开展的技术工作，无法确保结果真实有效

针对不同专业领域，未开展结果有效性控制活动（如能力验证、实验室间比对和实验室内比对等），最终结果存疑。在能力验证活动中有串通作假行为，提交的结果与原始记录不符，或不能提供结果的原始记录。能力验证及其他实验室间比对出现存疑或不满意结果时，未及时采取有效的措施。

（五）证书报告信息不真实、不完整，出现影响结果准确性的数据、量值单位错误

未经检验检测直接出具证书报告，检验检测活动中原始记录不真实，或不能提供原始记录。记录或证书报告不真实地描述或遗漏检验检测的地点、环境条件、主要仪器设备、操作人员和依据方法等必要信息；选择性使用部分原始数据，出现严重的结论性判断错误，影响证书报告的公信力。

此外，目前第三方评定实验室大多独立存在，相互间信息独立，无法实现共享。实验室自身的基本信息收集和管理还由人工操作，只能进行简单的文档管理；查询、更新、维护的效率低，相对的差错率高，资料在实验室内的共享和使用不清楚，造成实验室管理工作效率低。检测设备，尤其是辅助设备未能较好地建立使用情况数据库，无法及时了解检测设备的使用和维护状态，使用登记过程烦琐，容易出现漏记不记的情况。检测校准用标准物质与耗材的使用与管理也处于手工操作状态，造成登记不准确，还容易造成浪费。

这些问题的存在，客观上需要一种能实现全程控制管理、过程管理、远程督查、第三方验证等功能的技术方案，来实现实验室的第三方公开验证及提高检测和校准效率，实现资源、管理、数据的共享，真正地实现公正、科学、准确、规范的宗旨。

三、基于区块链技术的实验室管理方案

区块链技术是一种基于密码学的分布式账本技术，具有公开、透明、不可篡改等特性，与公众和社会对检测机构的公正性要求完全吻合。区块链技术本质上是一个去中心化的数据库，是分布式数据存储、点对点传输、共识机制、加密算法等计算机技术的新型应用模式。它的这种特性可实现全部行为流程的监控，存储的数据难以更改，信息在授权范围可全过程监督，对多方信用授权等功能；与实验室内部控制程序结合，可实现检测校准控制管理、过程管理、远程督查、第三方验证等功能，是非常适合应用于实验室管理的一种技术手段。

基于区块链技术的实验室管理方案，一切数据皆可上链，包括业务流程、检测方法、检测标准、操作轨迹、设备信息等。管理者可通过这些数据回溯整个检测过程，评估其是否符合标准规范，同时防止了业务人员、技术人员疏漏或出错，既提高了工作效率，又降低了管理成本。具体可以从以下几个方面进行应用。

（一）试验信息数据化

通过区块链技术完全实现无纸化、信息化，实物转移路径、数据转移路径清晰明了，与标准规范进行比对，可以清晰地展现实验室的运作情况，实验室可以自证其严谨性、规范性，无须备份大量的纸质材料来应对监管的审查要求。

（二）实验数据可溯源

区块链具有可追溯的技术特点，实验室的所有数据和操作记录全部记入区块链，管理人员、监管人员可以通过一个样品或一份报告回溯整个检

测流程。从样品采集、样品处理、样品管理、样品流转、上机检测，到自动采集设备数据、原始记录、审核过程、生成报告、报告审核，整个流程可以自动还原，每个环节可以查看具体信息，如操作人、操作时间、使用设备、试剂领用、检测标准、检测方法等。

（三）样品管理清晰

要做到样品管理的标准化和规范化，首先要对样品管理的环节有清晰的认识。通过区块链技术可以将样品管理细分为接收、标识、处置、保护、存储、流转、清理等环节。每个环节对操作员、操作信息进行详细记录，帮助我们清晰地了解样品的状态，对不符合操作规范的，采取系统提醒的方式进行预警，保证整个样品管理环节的合规性，从流程、规范、预警、人等多方面保证样品管理的严谨性和科学性。

（四）实验室监控管理

在实验室工作区域安装视频监控。将实验室的监控摄像头和编码器等前端设备通过系统接入网链路，与区块链云存储系统连接，对检测和校准过程现场场景全方位、全过程摄像，将所有图像信息上传到数据库，方便管理人员事后调阅查看，实现了检测和校准过程的实时监督和管理，还可以通过授权的方式，实现用户对自己送检样品检测和校准过程的查看，保证公正性。

（五）实验室证书报告不可篡改

区块链技术具有不可篡改的特性，所以在实验室检验检测活动记录的整个过程中，每一条信息都会按照时间顺序被完全记录。在程序的设计初期就可以尽可能地全面覆盖所有检验检测的地点、环境条件、主要仪器设备等需要记录的关键节点，一旦原始信息被记录，无论何时都可以查看，保证最终实验室出具真实有效的报告，也保证了后续不可能篡改。

四、建立第三方评定实验室联盟链

第三方评定实验室可以通过区块链技术形成一个开放、可信、安全的联盟链数据平台，不仅解决现有实验室的管理、业务问题，也能为生产者、销售者、监管者提供服务，扩大了实验室的盈利空间，提高了检测数据利用率。

首先，联盟链检测数据、检测报告等存储于区块链，数据安全性得到保障，可以由生产单位、销售单位、需求者付费引用，由此产生更多效益，扩大受益群体，提高盈利能力。例如，可以向消费者提供产品实验报告，出具合格产品厂家名单、优质产品推荐名录、产品或产品批次的使用报告、商品信息、流通信息等，把评定机构可公开的数据充分利用起来，真正做到面向消费者的信息透明、共享。

其次，联盟链可以通过自身的大数据对产品进行分析，得出产品性质的地域性差异、发展趋势、污染状况等数据，可以为监管机构把控商品质量、开展环境治理、做好灾害防治等提供数据支持。除此之外，整个检测、生产数据也面向企业及监管机构公开，方便企业进行生产、采购的选择，方便监管机构更好地进行监督，提升检测结果的准确性。

五、小结

区块链技术是利用块链式数据结构来验证与存储数据，利用分布式节点共识算法来生成和更新数据，利用密码学方式保证数据传输和访问的安全，利用由自动化脚本代码组成的智能合约来编程和操作数据的一种全新的分布式基础架构与计算范式。它的块链式数据结构、分布式共识算法、密码学方式的技术特性注定具有多中心、自动化、可信任的信用特性，其记录和其他数据是不可篡改并且可溯源的，非常好地解决各方不信任的问题，是一种良好的自动可信媒介。通过将区块链技术应用在第三方评定实验室，可以消除检测和校准过程的疑虑，利用自动化管理真正地实现全要素的可控，并利用可无限拓展的特性构建实验室多方业务协作平台。

参考文献

[1] 孙凯，孙嘉齐．区块链技术下的智慧 CNAS 认可检测和校准实验室建设［J］．中国计量，2020（2）：45–47.

[2] 宋寰，卫尊义，白小亮，等．检验检测机构及实验室智能化发展探索［J］．石油管材与仪器，2019，5（4）：91–93.

[3] 沈庆琼，欧伟强．区块链技术在物流快递行业中的应用场景探讨［J］．物流科技，2019，42（4）：36–38+43.

[4] 张德平．检验检测实验室主要风险解析［J］．质量与认证，2020（9）：73–75.

作者简介

云瑶：中国质量认证中心经营发展部工程师；曾就职于美团点评，有丰富的互联网从业经验；2017 年开始关注区块链，现主要从事区块链相关政策支撑，行业发展跟踪、前沿技术研究等工作；主要研究方向为区块链技术在检验认证、食品安全、绿色建材、畜牧业等方面的应用。

杨辉：现任中国质量认证中心南京分中心副主任，中认南信（江苏）检测技术有限公司董事长；系工学学士、工商管理硕士，高级工程师；长期从事进出口检验、质量认证及相关工作，熟悉认证、检测、标准等相关领域，多次承担过国家省部级课题研究并获得多项荣誉；2017 年起开始涉足区块链技术领域，对区块链存证、区块链溯源、区块链政务等应用有一定的研究。

第四章

区块链在TIC行业的应用探讨

周　沙　张　沛　徐少山　黄晏清

检测、检验和认证，分别对应 Testing、Inspection 和 Certification 三个英文单词，简称为 TIC。TIC 是典型的第三方机构，TIC 技术在不断变化，但是传递信任这个核心一直没有变化。未来无论技术再如何发展，传递信任的社会分工还会继续存在。区块链被《经济学人》杂志称为信任的机器，区块链在 TIC 行业的应用具有天然的优势。

一、区块链在 TIC 行业的应用方向

（一）区块链+TIC 监管

从抽样监管到全样本监管，从单点监管到全生命周期监管，现在的第三方检测机构的检测报告中，有一个自我保护机制，该报告仅对样品负责。但是实际的市场需求并不是这样，消费者面对的不是样品。历史上，产品和消费者的交互界面主要依靠静态的合格证，随着移动互联网的发展，消费者和产品之间的交互可以基于 RFID（Radio Frequency Identification，射频识别技术）、二维码等方式，从而了解和反馈商品的信息，并且这个交互是以商品个体或批次为基础单元的，而不是规格型号。

第三方机构在运营过程中，根据检验、测试、认证的过程生产出数据，但是在出具报告中也存在超范围盖章的问题。例如，不在 CNAS 和 CMA 授权范围内的检测项目，却出现在有 CNAS 和 CMA 印章的测试报告中。

第三方机构是为社会传递信任的机构，过去的技术背景下，只能是在

一个相对可控的环境中生产可信的数据，单信任传递的媒介渠道有时候是不可信、容易被造假的。笔者和一些大型电商公司的审核部门交流过，他们每年要审核大量的商家产品报告，网络上买来的假报告层出不穷，不仅影响到第三方机构的可信度，如何确保这些报告的真实性也成为一个社会性问题。这里面包含上面说的两个常见的问题，第一个是第三方机构管理不善或恶意造假的源头诚信问题，第二个是第三方机构签发的报告在流通使用过程中被造假的问题。

第一个问题的解决，可以基于区块链把源头的授权范围一一上链记录，对每一个项目的授权评定进行记录，在区块链上形成不可篡改的源头数据。第三方机构要出具加盖 CNAS 和 CMA 印章的报告时，需要去源头监管部门签发的区块链网络上进行比对。为了提高服务效率，每个第三方机构可以作为一个服务节点，以便进行查询。查询匹配符合要求的，给予授权，同时把第三方机构的请求授权行为也上链，把整个报告的签发审核过程变为一个基于区块链源数据的链式行为。同时对于检测机构使用授权的次数也可以进行统计，以便下一个评审周期灵活评审，什么该扩项，什么该减项。出具的报告也是在监管区块链的系统中经过了确权认证，形成唯一的 HASH、不可篡改的记录，这样可以从报告生产的全生命周期角度进行监管，确保源头可信，过程可信。

（二）区块链+检测报告/认证证书全生命周期管理

第二个问题可在“区块链+检测报告/认证证书全生命周期管理”中解决。企业活动中有很多检测报告、认证证书，如电商公司要求商家在商品上架前要提供商品的检测合格报告。为此如阿里巴巴和京东等电商平台每年都要各自独立花费大量的人力物力来审核商家的检测报告，在不同平台之间也存在大量的重复劳动。而基于区块链的凭证，在底层是一种网络化的凭证，不存储于某个特定的物理服务器上，而是在全网存在。这是一种权限的流转，而不是数据包的流转。也就是说，商家 A 要在京东商城开设一个店，提交一份矿泉水的合格检测报告，要做的不是上传自己曾经取得的一份检测报告给到京东，而是把该报告在区块链上的查看权限授权给京东商城；京东商城的审核人员使用商家授权的这份检测报告的行为，也会被区块链网络记录下来。这样一种新的报告/证书流转系统，可以做到对于第三方检测报告/证书的全生命周期管理，而且对于这些文件的使用行为数据可以记录获取。这是纸质检测报告或只是文件化复制和转发而没有上链的报告无法做到的。

商家如果把二维码印刷到自己的产品包装上。通过分析后台的数据，可以了解该产品的流量区域分布、用户使用的终端型号、打开的时间段，这些信息可为商家做广告投放、市场营销提供参考依据。检测报告作为一次数据，其流通使用过程中产生的二次行为数据，可以帮助提升商业效率，辅助企业运营决策。而基于区块链的报告流转，提供了不可篡改的、可信的流转记录，可以有效地解决报告来源真实性的问题，也可以作为一个独立的商品评价服务，以接口的方式对接到第三方平台，降低平台的审核监管成本，也降低商家的运营成本，实现多节点之间的良性协作。

（三）区块链+检测仪器物联网+共享经济

检测机构中有大量的实验仪器，如果把这些实验仪器的数据基于物联网链接上链，可以从源头上降低数据造假的可能性。目前检测机构基本都是重资产运营方式，往往购买了大量的先进设备，但是有些实验室甚至缺少有经验的操作人员。检测机构也在实践中，可以按照仪器实际产生的价值，采用轻资产的方式来运营，把仪器设备以租赁分润的方式和仪器租赁公司进行共享。基于物联网和区块链的机制共享一套账本，每台机器每天生产了多少数据，产生了多少收益，都是一清二楚的。这也有利于有检测技术但缺乏设备的团队的业务运营和固定资产分离，开展创新服务，提高生产效率。长期来看，可以促进检测行业的软件和硬件分离发展，软件对应检测技术、方法、体系，硬件对应的是实验室、耗材、设备等固定资产。目前很多省（区、市）也在尝试开展科研机构的仪器共享平台建设，发展 TIC 领域的共享经济。基于区块链建设一套检测仪器的物联网系统，基于智能合约实现自动清结算，可以大大提高仪器共享的效率，盘活存量资源，避免重复建设。

（四）区块链+检测科技服务券

政府部门为了支持小微企业研发工作，往往给予中小微企业发放服务券，可用于研发、检测、认证、监理等第三方服务。企业凭券向指定的第三方机构申请服务，第三方机构去政府将资金券兑换成资金。目前这个流程大多依靠人工来实现服务，不仅效率比较低，对于发放出去的服务券的使用状态、使用效果，也难以做到有效的追踪。基于区块链的解决方案则可以实现专款专用、全流程在线办理、透明可追踪、降低监管成本，也便于对服务效果进行跟踪统计。第三方机构可以方便地将收到的企业支付的区块链服务券在对应的金融机构兑现，提高资金周转时效性，整个过程是透明的、可追踪的。

（五）区块链+多方标准互认

国际贸易中需要合格评定和认可，需要互认制度、互认标准、商品质量的鉴定，存在很多质量评定体系不同的情况。产品质量的法规体系是以主权国家为边界的，产品是否符合国际标准，符合哪些区域的国际标准，以及如何做才能够符合目标区域的国际标准，对于企业来讲是经常面临的问题。其中涉及的法规标准、技术文件及其解读，都存在一定的障碍和壁垒。中国的贸易发展需求和“一带一路”所覆盖的国际市场对原有的合格评定机制及互认方法提出了挑战。中国的贸易体系发展，需要建立一套相适应的国际贸易的软基础设施，其中就包括标准互认、评价体系互认等。

（六）TIC+区块链的融合：区块链构建信用互联网

现在的第三方检测，在很大程度上，其利益和消费者是不完全一致的。第三方检测认证机构，大部分是 To B 的服务，在实际操作过程中，有些第三方机构对于委托客户的一些重大问题知而不报，甚至帮助客户逃避监管。目前的市场中，第三方机构来自个人委托的服务收入几乎为 0。所以 To C 的消费级的质量服务如何设计，还是一个空白的市场，但是需求一直都在，如家庭装修之后，希望检测一下甲醛的含量是否达标；妈妈买的婴幼儿用品，希望确认一下是否合格。

那么对于大量的、分散的、个人的质量服务需求，依托公司制的方式——一个稳态协作机制，难以有效满足，基于区块链的社区制的组织方式有可能是一种解决办法。基于提供数字身份、实名认证的区块链网络，实现协作依靠的机制不是激励而是惩戒。如果第三方机构分别成为 TIC 信用网络的一个节点，那么每个用户都可以贡献数据，形成以人为单位的信用账户、以机构为单位的信用账户和以产品为单位的信用账户，在多个节点分别贡献数据，共建信用网络。把交易放在一个有监督、有评价体系的网络中，大家可以实现分布式的、有效的协作。匿名的区块链依靠激励，实名的区块链依靠惩戒，信用评价成为一个基础的服务，信用的颗粒度变小，信用更新的时效性加强，坏人一处作恶，处处受限。从信息互联网演化到信用互联网，让守信者得利，让失信者寸步难行。

（七）TIC+数字经济

TIC 行业是知识密度和数据密度很高的行业，每天生产大量的数据，但是其商业模式和 100 年前没有大的变化。第三方机构在互联网时代还只是一个数据工厂，挣的是数据生产的社会分工差价，而且这个差价在不断地被压低。根据近几年的公开财报数据，即便是世界上规模最大的第三方机构，距离世界 500 强门槛的距离也越来越远，这代表的是一个行业的相对衰落，这个行业对于优秀人才的吸引力在下降。有人调侃：互联网公司靠大量的数据赚得盆满钵满，而第三方机构却抱着金饭碗在要饭。

第三方机构从百年前的人工编制报告，经历信息革命，完成了信息化，目前基本处于从数据离线化到在线化的发展过程。那么，在线化之后，下一步往哪里发展呢?

第三方机构有很多数据，但是从法理上来说，这些数据是由第三方机构生产的，但是并不属于第三方机构，而是属于客户：委托方。第三方机构完成了一个数据的规模转换，把很多分散的数据集中到了一个统一的地方。当数据的规模足够大时，就可以为商业决策、行业分析、社会监管提供很多有价值的数据，如全国水质情况的分布概况。有些政府部门抽检要获取的也正是这样的一个宏观统计数据。但是在实际操作中，会出现很多交叉抽检、重复抽检，造成大量的资源浪费。换个角度去思考，这些数据在社会上是不是已经存在，如果存在，有没有办法不通过自己取样抽检来获得数据?或者说来获得我想要的宏观的分析结果，而不是某一份具体的检测报告?

目前区块链+隐私计算已经可以解决这些问题。例如，企业到银行开户，银行会对企业的资质进行审查，如果该企业在工商银行的黑名单数据库中，那么就不予开户。然后这个企业可能会到招商银行，招商银行的黑名单数据库中可能没有这个企业，于是就放行了。这是目前信用网络建设的一个大问题——数据孤岛。那么工商银行、招商银行之间有没有数据共享的需求呢?有!会不会数据共享呢?不会。因为双方的数据体量不在一个数量级，大家的权责利不对等。那么有没有既可以保护大家的原始数据，又可以做到数据使用权共享的技术上中立的方法呢?有，MPC（多方安全计算）可以有效地解决这个问题，把MPC和区块链进行结合，还可以有效地解决数据使用权的定价和激励问题，对于数据的使用权共享进行定价交易，在解决了数据的隐私保护问题之后，基于区块链可以把这些复杂的问题变成一个简单的经济学价格问题。

传统的大数据是以数据所有权为边界的，把数据看作矿产一样堆放在一起，然后用各种工具挖掘。区块链重新定义了大数据，这个时候的大数据是以能够链接的数据为边界来定义大数据的，而不是以占有多少数据来定义。配合隐私计算技术，可以在加密的情况下对数据进行耦合计算，而不是对原始数据进行计算。这样可以有效地把数据的所有权和使用权进行分离。数据的授权使用，可以不必担心泄露原始数据，数据的授权使用可以按次进行交易。

对于一个化妆品厂家，在生产过程中要对每批次的化妆品进行抽检，在生产过程中这个报告数据可以用于内部品控，用于满足监管合规。到了流通环节，这个数据可以用于辅助产品销售，获得消费者认可。与此同时，这个报告数据同时也是企业的数据资产。基于“区块链+隐私计算”技术，这个数据可以被加密共享，把数据的使用权而非原始数据进行交易，可以获得收益。例如，市场调查统计，消费者协会要分析全国的化妆品的合格率，就不必自己再把所有的化妆品抽样做一遍测试，而是可以直接购买市场上已经有的报告数据的使用权，直接得到自己想要的分析结论。数据在使用过程中被混淆、被加密，而基于区块链提供一套自金融系统，可以确保数据使用权的交易是可靠的，这样就可以把第三方机构原有的大量死数据盘活，打开一个新的空间维度。也可能在以后，第三方机构不是靠直接的检测服务赚钱——检测服务只是生产数据的一个过程，作为数据工厂的盈利的角色会逐渐消失。免费检测、获取数据资产的管理权、放大数据资产价值、共享数据收益给委托方，可能会成为未来的 TIC 数字经济的商业模式。

二、小结

目前国内排名比较靠前的第三方机构中，其收入结构大部分来源于制造业和服务业，来源于信息行业的检测认证，评定产品还比较少，占的收入比例也不高。伴随着数字经济的发展，第三方机构传递信任的核心不会变，本质不会变，但是服务如何设计，如何伴随技术升级，需要从业人员放飞想象力、打开思路。

区块链也好，传统的TIC服务也好，本质上解决的还是传递信任的问题。只是传递信任的范式和方法发生了变化。面对未来不确定性的挑战，需要依靠全新的认知方法论。以笔者在区块链领域的从业经验，对于区块链的认知最大的误区就是，区块链不就是×××吗？越是精准的定义，越容易束缚认知。正如盲人摸象，只认识其中的一块，而最大的未知是不知道自己不知道。数字资产研究院的朱嘉明老师说，区块链是一门科学，而不只是一个技术，其复杂性超出了我们现有的认知，对区块链的探索要保持足够的开放性，抱有敬畏之心。

区块链在TIC行业的发展，需要既理解产业逻辑，又理解技术的复合型人才队伍。中国有肥沃的区块链产业创新土壤，规模巨大且持续增长的第三方服务市场，从业人员庞大的职业群体。在TIC这个古老而又新鲜的行业里，在这一波的数字经济创新中，中国的创新者们有机会重新定义行业范式，掌握行业话语权，发展出中国特色的TIC数字经济服务体系，引领TIC产业创新变革。同时TIC行业作为服务行业，服务效率的提高也可以直接促进生产制造、商品流通、国际贸易、技术研发等多个社会分工的效率提高，对国民经济发展和消费升级有巨大的促进作用。

作者简介

周沙：笔名井底望天，国内首家区块链底层技术公司井通科技（2013年创立）创始人，高科技投资人；《大国游戏》《区块链世界》《区块链与大数据》等多本畅销书作者。

张沛：曾在全球最大的TIC机构——SGS农产和食品部门工作，现任职于井通科技。

徐少山：中国质量认证中心经营发展部处长，资源节约产品认证暨政府采购推进办公室主任。他长期从事制造业、服务业的质量管理、环境管理评定和供应链管理，参与能源、可再生能源、能效、低碳的政策研究、国际国内合作、相关产品和技术推广。他受中华人民共和国国家发展和改革委员会、中华人民共和国财政部、中华人民共和国工业和信息化部、中华人民共和国商务部、中华人民共和国教育部等单位的委托，在发展规划、节能减排、政府采购、冷链物流、食品安全等领域，开展和主持了多项工作。他先后承担和主持了十多项联合国开发计划署、世界银行、美国能源基金会、国际铜业协会、英国使馆委托的研究项目。他自2017年开始跟踪和研究区块链技术及应用，目前就区块链技术在政府监管、食品安全、动物养殖、碳减排、绿色建材监管和TIC行业的应用有一定的研究和心得。

黄晏清：井通科技COO，曾任清华大学实验室助教，在区块链行业有丰富的从业经验。

第五章

借力区块链技术，促进制造业高质量发展

杨　辉　王国友

近年来，大数据、云计算、区块链、人工智能、移动互联网等前沿热点技术不断迭代演进，逐渐融入社会各个领域，并迸发出新的活力。数字化的手段正不断革新甚至颠覆着各行各业。数字经济之父、美国著名新经济学家唐·塔普斯科特预言，“区块链将引发世界第四次工业革命，并重新定义互联网甚至人类社会”，区块链正有望成为未来的“价值互联网”。在制造业日益呈现数字化、互联化、智能化的趋势下，区块链作为一种关键信息基础支撑技术，必将在制造业质量提高方面发挥更加重要的作用。

一、区块链在制造业场景下的应用

从区块链“元年”2008 年至今，区块链技术已经历了多个发展阶段，取得了快速进步，应用范围也得到迅速扩展。从最初金融领域，到溯源防伪、社交版权、身份确权及政府监管等，越来越多的领域里都看到了区块链落地的应用，也为未来改进社会治理方式提供了新的模式和进行了有益的尝试。[1]

据推测，区块链能提升业务价值的最有潜力的领域是制造业。从供应链采购和上游产品质量，到研发设计、工艺控制、设备管理、检验试验、包装物流等的各个制造领域，区块链可使其可见性不断提高，并能实现全新的制造业务模式。企业可以利用分布式账本、基于区块的方法及智能合约来实现订单的发布、采购，更快地响应生产需求，从而提高供应链效率。通过从各个节点上链的供应商或分包商的订单信息、工厂内部的生产制造信息及物流的监视情况，包括客户的使用反馈等，制造商将能够更好地满足交货期要求，提高产品质量、增加客户满意度，进而达到提高销量的目的。

二、如何利用区块链技术提高产品质量

随着制造业信息化水平的不断提高，传感器、物联网等通信技术的普及，区块链技术的应用深入生产制造的各个环节成为可能。从产品设计、采购、生产、质控、包装运输到售后乃至回收等，产品生命周期内的所有环节的所有与质量相关信息均可上链，这就为更好地提高产品质量奠定了基础。

在传统的制造业模式下，外购零部件和原材料的质量、生产过程的控制信息、设备维护和保养及产品检验记录等存储在单一、孤立的系统中，一旦出现产品质量问题时，由于企业内部各部门之间，以及企业与供应厂商或外部服务商之间难以确保记录的真实性和一致性，给责任判定带来了难度，同时增加了人力和物力成本。理论上，任何拥有数据库操作权限的人都可以篡改记录，而任何一条孤立的数据记录都无法独立地自证清白。区块链技术可以将制造企业中的各类传感器、监视设备、控制模块及 ERP 系统等通过网络连接起来，并形成统一的账本闭合链，让企业及所有相关部门对工业现场采集的数据进行妥善保存，既可以实现数据去中心化，又可以确保数据的真实、可靠。此外，通过基于可信区块链中数据的分析和挖掘，企业还可以高效快捷地进行流程优化、工艺改进，甚至进行故障预判，产品质量可真正得到有效的提高。同时，区块链的可追溯性和不可篡改性也有利于企业质量内审工作的客观公正开展，便于发现问题、追踪问题、解决问题，并优化质量管理体系。

不同的制造业在应用区块链技术实现质量管控的方式和重点上有所不

同。例如，零部件的质量对汽车的整体性能至关重要，但零件不符合质量标准要求，甚至假冒伪劣、以次充好的现象时有发生。采用区块链技术后，整车厂可以对零部件的生产时间、生产批次、物流运输乃至更上游的供应商等进行有效监控，使零部件生产质量从源头上得到更系统、更有效的保障，反过来也可促进零部件生产企业改进生产工艺，提高生产水平和产品质量水平。早在2016年10月，丰田汽车就加入了R3联盟，通过采用区块链技术，将每个零件的生产加工使用情况都存储到区块链中。一旦汽车零件出现问题，运用区块链技术就可以方便快捷地查出零件的出处，以促进相关问题的解决。[2]

三、借助区块链改善诚信现状，提高制造业质量整体水平

提高企业诚信的整体水平，是发展高质量制造业的必由之路。历史上发生的大众汽车“尾气门”事件、日本神户制钢所“造假门”事件及2017在我国发生的西安奥凯电缆事件，无不缘于企业诚信的缺失，这不仅造成了质量数据的严重失真，也给社会造成了极大的浪费，进而影响了用户群体对产品质量的消费信心。在国家大力推进智能制造、全面升级产业水平的当下，我国可以充分利用完善的通信设施及成熟的互联网优势，借助区块链这一“创造信任的机器”，建立质量可追溯系统，为质量诚信体系建设创造条件。

传统的质量溯源系统一般是使用中心化账本模式，由每一个市场参与主体分散、孤立地记录和保存，是一种信息孤岛模式。在此模式下，谁是这个账本的维护者谁就变成为了问题的关键，无论是制造商、供应商，还是渠道商，乃至第三方检测机构，由于其自身是质量链条上的利益相关方，当账本信息不利于其自身时，都有可能作出篡改账本或谎称账本信息丢失的选择。而基于区块链的质量追溯系统，可以根据情况采用联盟链或

公链的方式，将制造的整个链条上的参与方都作为节点参与数据上链，如生产企业、物流企业、销售企业或电商平台、第三方机构、政府部门、行业协会，乃至消费者或用户等，通过智能合约明晰数据的归属方、使用方和共享交换部门的数据权责，使用区块链技术记录和存储数据交换过程信息，使真实可靠的数据在不同的质量主体之间转换和使用，通过适当的激励与处罚机制及参与方不断优化的道德选择，进而实现全社会的质量共治体系。[3]

一个值得信赖的良性质量共享生态，不仅可以为用户创造更有质量保障的产品，也可以为从原材料、原部件产业到复杂系统产品的制造业质量水平的提高创造条件，高质量的制造业值得期待。

四、问题与展望

区块链技术经过十余年的发展，已经逐渐进入各行各业，但既存在较高的认知门槛、技术人才的短缺及参与者的信心不足等诸多因素，又存在政府监管、安全风险、系统效率与可扩展性及隐私泄露等技术风险，在一定程度上制约其落地应用。[4]尤其在制造业质量的应用方面，目前还有待于法律环境的完善、企业自身决心的加强、合理商业模式的开发及政府扶持激励政策的出台，相信在不久的将来，区块链技术必将成为我国制造业高质量发展的助推力量。

参考文献

［1］徐明星，等．区块链重塑经济与世界［M］．北京：中信出版社，2016：37，160.

［2］中国智能制造网．基于区块链技术的零件溯源 让汽配产品变得更加安全［EB/OL］．（2018-07-27）［2020-04-07］．https：//www.gkzhan.com/news/detail/110492.html.

[3] 袁勇，王飞跃. 区块链技术发展现状与展望 [J]. 自动化学报，2016（4）：481-494.

[4] 朱建明，等. 区块链技术及应用 [M]. 北京：机械工业出版社，2017：25.

作者简介

杨辉：现任中国质量认证中心南京分中心副主任，中认南信（江苏）检测技术有限公司董事长；工学学士、工商管理硕士，高级工程师。长期从事进出口检验、质量认证及相关工作，熟悉认证、检测、标准等相关领域，多次承担过国家省部级课题研究并获多项荣誉。2017 年起开始涉足区块链技术领域，对区块链存证、区块链溯源、区块链政务等应用有一定的研究。

第六章

基于区块链的身份识别系统应用场景的探索与实践

辛思海

区块链的身份识别机制与应用系统相互结合，可以形成企业身份主体、企业法人代表、股东、自然人的行为的全过程证据留存。在区块链技术、场景、应用实践紧密结合的情况下，可以在比如疫情期间，在政府与企业招标采购领域实现不见面开标与评标；也可以在商务合同签约领域，实现不见面签约，并实时进行履约行为记录；依托中华人民共和国电子签名法等法律法规，还可以形成完整的证据链，快速提高民事行为的办案效率与各方的诚信记录的公信力。此类场景应用可以拓展到劳务用工人员管理、招聘市场管理、供应商管理等领域。同时，利用此系统可实现身份识别与电子签名相互匹配的全面诚信建设，逐步形成跨行业与跨领域的市场主体的诚信管理体系。

一、身份识别系统的发展现状及痛点

当前，企业与政务移动互联网发展迅猛，传统企业内部与政府服务均已经完成或基本完成基于“云服务”应用的“互联网+”数字企业与政务服务转型。转型涉及企业与政府采购方面的电子招投标平台（以下简称平台）约有 500 家，年度采购金额近万亿元，供应商企业近千万家（中国招标投标协会）。上述平台均采用传统的 CA（Certificate Authority，证书授权）方式进行身份识别与电子签名，不具备平台间的互联互通技术手段，这也直接导致供应商企业每年投入大量的人力与财务费用进行 CA 的管理。企业若每年进行多平台的投标，则企业管理人员一般要管理上百件 CA 设备，进行证书登记与证书时效管理，投入资金约上百万元。投标企业（供应商企业）投标人员的离职或其他变动，也为平台和供应商企业增加了管理成本。上述仅仅是电子招投标领域的情况。当前，企业对企业（B2B）、政府对企业（G2B）、政府对个人（G2C）、企业对个人（B2C）、第三方平台对企业（P2B）、第三方平台对个人（P2C）均没有实现互联互通、方便便捷、基于诚信体系的身份识别管理。企业或政务平台仅仅进行平台内部权限管理与用户安全策略设计。

基于“云服务”的移动互联网平台的运营服务，面临信息安全方面的挑战：①移动互联网平台对外信息交互大量采用无线通信、移动端访问的方式。平台极易受到冒名或仿照身份访问、反复尝试登录、注册端驻留程序收集信息访问等各种攻击。②移动互联网平台内部计算资源有限（存储或并发处理能力），内部安全体系无法阻止高强度的外部暴力攻击。

近期，部分研究人员开展了基于 CA 互认的集中式身份识别体系设计与推广。这种体系设计完全依赖现有的 CA 机制，同时要求 CA 提供方进行相互认可。另外，这个体系在部署与应用阶段，各移动互联网平台均要有相同的安全级别、系统部署架构、平台用户身份标准数据结构。现有政府与企业移动互联网平台的安全架构设计、底层的异构化管理方式、系统硬件资源部署方式均无法满足这种高标准的生态系统建设要求，平台的管理方也无法投入相当多的成本改造现有平台的上述架构以适应基于 CA 互认方式的身份识别体系。另外，构建集中式的身份识别体系，需要建立一套完善的公钥基础设施（Public Key Infrastructure，PKI），必须考虑高并发量，可拓展上万个节点的可扩展结构，并且每个节点要顾及新、旧用户的兼容，现有各种应用场景的兼容，系统部署与实施的复杂度非常高。故此，这种集中式的身份识别体系也必须是兼容未来的各种新 IT 系统架构、新设备、新应用场景，并且不依赖于各种 IT 架构、设备、场景。

业界已经普遍达成共识：区块链作为一种新兴技术，完全可以作为身份识别技术的底层基础，助力企业与政府移动互联网互联互通的身份识别体系建设。正是基于区块链良好的计算能力、构架设计与部署弹性强的特点，我们提出了基于区块链去中心化的身份识别体系：节点互信身份识别体系（Nodes of Trust）。以联盟链为基础，通过构建若干虚拟信息交互层，实现不同行业领域内各个节点间身份识别信息的高效互通。这个节点互信体系的构建、部署、运营等各项成本均明显低于现有的各类集中式与分布式身份识别体系。

二、应用区块链进行节点互信的技术原理构建新身份识别机制

（一）用户身份信息不可篡改性

区块链的分布式架构，“节点”完全与其他节点互联，任何一个节点出问题，也不影响其他节点之间的通信，每个节点均存储链上交易信息。区块之间通过哈希连接，更改任何数据都对链上的所有数据有颠覆性的影响。故此，节点互信机制对于企业与政务系统的用户交易信息存证有重要意义。

（二）用户身份与交易信息的分布式存储

对于区块链上的用户身份与交易信息，每个运行节点都拥有一份数据副本，这样可以避免单点故障问题，也可以安排每个节点独立验证与检索数据，增加整体系统的可靠性。另外，节点之间数据副本可以相互同步，保证数据的完整性。节点之间也可以通过授权机制，保证节点之间的审计与应用的可拓展性。

（三）用户身份与交易信息的匿名性

我们在进行传统移动互联网应用时，通常通过注册用户名，绑定手机

号、邮箱甚至是人脸信息，加强用户识别的准确性，忽视了用户身份与交易的匿名性。启用节点互信机制后，任何一节点用户实名认证注册后，区块链上仅仅通过地址或唯一区块链 ID 号来标识用户，并不需要提供其他标识来识别用户信息。在保证交易安全的情况下，也保证了用户身份与交易信息的安全性。对于需要识别的身份信息与交易信息，各应用系统可以采取内外部授权的方式，进行信息分享与交互，且并不依托节点区块链互信机制。

（四）用户信用资产与数据价值保值增值

利用区块链本身的信用与共识机制（POW 或 POS），无须第三方的证明，将用户身份与交易的信用进行传递，不断形成用户信用资产的正向作用。

（五）互信节点机制产生新的共识机制与商业机会

利用互信节点机制，区块链节点内的交易包括但不限于注册、申请、事务公示、合约签署、履约付款、订单交货等系列行为。此类交易均可以按照自定义的共识机制，形成约定规则。一旦规则形成，自愿履行规则的各方均会快速提高交易效率，形成新的商业机会。

（六）互信节点可利用可编程合约机制产生新的金融业务

利用区块链的智能合约技术，将各方达成的共识机制、商业逻辑形成脚本程序，解锁（解锁脚本）和锁定（锁定脚本）一笔资产，形成可执行的金融与商业合约程序，如担保、质押等。这种新的金融模式并不需要传统的金融系统背书或认证，仅仅通过身份识别体系和数字签名体系即可完成。

三、利用节点互信技术进行移动互联网对接情况

利用电子招标与投标场景，考虑结合电子招投标主体的身份注册与识别，结合节点互信技术，部分应用（非招标采购场景）区块链技术替代CA的身份识别与数字签名功能。

另外，通过单一主体，如评标专家，应用节点互信与互认身份识别技术，登录电子开标与评标远程会议系统，验证互信技术在跨平台使用的可行性。

（一）基于电子招标与投标平台的对接

1. 单独程序模块嵌入互联网平台

充分利用可信区块链、大数据技术，将潜在投标人、专家、招标人代表的注册（通过微信小程序实现）与身份识别模块嵌入现有的电子招投标平台（互联网应用）使用，且并不影响原有的用户名密码、CA这两种注册与应用流程，并围绕现有电子招投标平台为主节点进行联盟链建设。

2. 跨平台、跨域身份认证更加方便

实现不同平台之间的跨平台身份认证，通过潜在投标人、专家、招标人代表电子身份证解决传统PKI跨域认证的证书管理困难、服务器交叉认证复杂的问题，解决生物特征认证易造成用户身份隐私泄露的问题，形成一次注册、多点验证、控制使用的模式。

3. 区块链身份识别公用模块接入和使用更加便捷

平台便于各类机构部署节点，并且加入区块链网络的系统设计，在不影响现有电子招投标平台运行的情况下增加新的区块链上组织和节点，同时满足开放接口的便利性，便于用户进行区块链信息的查询。用户利用手

机移动端进行身份认证时，区块链身份识别平台认证时间节点不超过 10 秒，认证过程流畅、效率高，用户体验好。

4. 多节点共识互认实现专业平台履行专业应用，多平台应用无缝整合

节点互信支持多个节点参与共识和确认，同时支持独立节点对区块链网络提交的相关信息进行有效性检验。电子招投标平台的扩展应用，如远程视频、远程监督，均可通过对接不同互联网平台，通过不同应用系统端口、拓展联盟链节点来实现，并不要求专业的电子招投标系统解决所有的问题。对于联盟链的架构布置、合作伙伴上链的形式有全面的考虑和具体的实现方式。

5. 区块链身份识别平台逐步替代现有 CA 身份认证体系

区块链身份识别平台具备逐步替代 CA 的身份认证体系。使用节点互信验证手段校验现实主体与电子身份间的合法对应关系，通过数字签名技术、人脸生物特征进行双因子认证。信息数据利用区块链加解密与存储技术保障安全性，同时区块链身份识别平台具备高并发、动态扩容的能力。

6. 区块链身份识别平台存证调取、审计、授权机制清晰透明

区块链身份识别平台可以高效、准确地完成对于已储存文件的查询及调取功能。可以确定原始数据的操作人、操作内容和操作顺序，为电子招标与投标过程监督、过程与专项审计提供高效的证据支持。

7. 区块链身份识别平台具有安全性

区块链身份识别平台系统满足企业与政府对于安全性的要求，完全杜绝同一身份信息的重复注册，防止不法人员使用他人身份信息进行注册认证，区块链身份识别平台利用技术手段确认显示主体与电子身份的唯一对应关系。区块链身份识别平台构建安全威胁检测体系应对外在冲击，若系统遭到损害，能在短时间内恢复功能。机密数据加密存储，只有被授权的主体才有权限访问数据。

8. 区块链身份识别平台授权管理实现定制化

区块链身份识别平台应当针对特定的应用场景进行定制化的开发设计，满足平台管理方的各类管理需求（见图 6-1）：招标人企业可查看专家及专家评标的具体情况；招标人企业可查看项目投标情况、投标人行业影响度等；潜在投标人企业可查看招投标项目进程；项目信息分别与法人主体、经办人主体身份信息相互绑定。

图 6-1　中化商务身份识别平台

资料来源：中化商务电子招标平台系统截图。

区块链身份识别平台与企业或政务互联网应用之间形成松耦合的技术架构。互联网应用只需要调用区块链身份识别平台的关键指标，进行身份识别即可开展应用。同时，原有互联网应用端的其他传统方式（网页注册与审核）的身份注册信息也同步与区块链身份识别平台后台实现交互，形成既兼容原有应用，又保持快捷创新通道开放的特点，保证新的身份识别方式有序推广。

（二）基于电子招投标平台远程视频会议系统的对接

在电子招投标领域，招标方或招标代理机构建立好项目评审专家委员会后，项目的评标日期、地点、参加评审专家组、招标人项目代表均会确认，此类信息属于核心商业机密。通过设计与技术实现电子招投标平台技术与远程视频会议系统技术后台互联互通，特定项目有权限评审项目的专家与招标人代表可以在规定的时间段，通过移动端身份识别系统，采用人脸身份信息存证、双因子认证方式登录电子招投标远程视频会议系统进行项目评审。

同理，身份识别系统可以在企业或政务体系内各个系统，如企业内的人力资源招聘系统、企业财务费用控制系统（如图 6-2 所示）授权与服务器端口认证的场景下，高效与便捷地对接企业或政务系统，同时，登录用户的所有权限仍受到各个授权系统、权限管理模块、安全策略模块的制约，实现授权登录与授权访问管理各司其职、协同发挥作用。

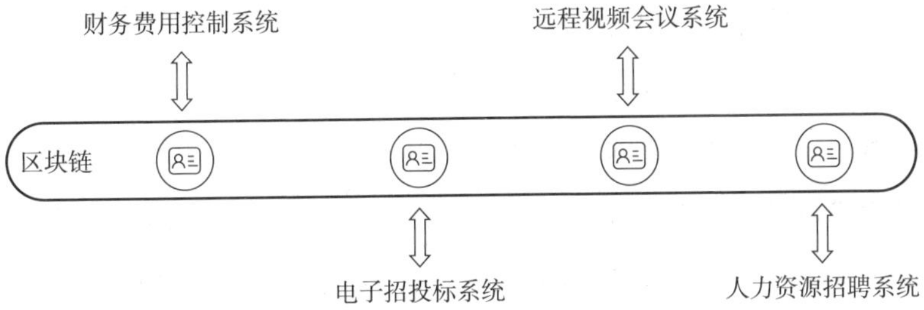

图 6-2　身份识别系统对接企业内各个系统

资料来源：作者绘制。

另外，企业与政务系统也可以授权区块链身份识别系统进行登录用户电子签名的采集，以及投标人企业与投标人代表授权证明等交易必备且需要第三方存证的重要信息的采集。同理，企业与政务系统也可以将投标人的中标信息与交易履约诚信信息返回区块链身份识别系统，形成对交易主体的诚信资产重要记录与展示，降低交易主体在各类企业与政务系统的交易成本，提高交易效率。

四、总结与未来工作展望

企业与政务移动互联网的高速发展，已经成为普通个人用户必须适应的现实。尤其是在新冠肺炎疫情期间，各大型企业与各地政府、国内主要移动通信公司均发布了自身的 App 或微信小程序，识别与采集普通个人的健康信息。作为普通个人用户，必须按照管理要求，被动地安装各类“健康宝”，个人信息无法得到有效保护、无法实现便捷操作。

在本章中，作者提出了原创性的“节点互信”区块链身份识别的概念与方法。通过联盟链的建立，链上的节点之间形成统一的虚拟安全区，将节点间的身份识别系统进行共享应用。同时，也可以深入地拓展安全区内的其他互联与公共应用、场景、服务，形成围绕“节点互信”区块链身份识别诚信体系。

上述基于区块链身份识别体系的探索与实践的初心，是在保护个人用户与企业或政府系统双方安全的基础上的。满足企业与政府系统的安全与满足个人信息安全同等重要。在充分利用区块链安全技术的基础上，我们将进一步测试身份识别系统的安全性、可靠性，尤其是在防渗透攻击方面的性能，并进一步测试多节点间、高频交易场景下，身份识别系统的资源占用与释放情况。

参考文献

[1] 张昊迪，刘国荣，汪来富，王帅．基于区块链技术的跨域身份认证机制研究 [J]．广东通信技术，2018 (7)，23-31.

[2] 区块链司法存证应用白皮书 [R]．(2019-06-14) [2020-01-28]．http：//www.caict.ac.cn/kxyj/qwfb/bps/201906/t20190614_201169.htm.

[3] 汤凌韬，许敏，金玉荣．基于区块链的身份认证机制的效率优化方法研究 [J]．计算机应用研究，2019，36 (9)，2783-2787，2791.

[4] 蒋勇，文延，嘉文．白话区块链［M］. 北京：机械工业出版社，2017.

作者简介

辛思海：中化商务有限公司信息技术部副总经理，主要从事企业信息系统架构设计与实施管理、企业数字化转型咨询、前沿技术研究工作，负责企业信息化管理。

第七章

区块链身份管理案例分析

曹　寅

一、当前身份管理系统存在的问题

身份的重要性不可低估。财产、健康、投票、财政、税收、教育等都与个人的生活息息相关，如果没有有效的身份证明，我们将无法获得这些服务或参与某些社会活动。通过允许跨部门和跨机构的数据相互操作，运行良好的数字身份系统可以显著改善因为官僚主义或科层制导致的低效率问题。但是，如果将数字身份存储在中心化的服务器中，那么它又极容易成为黑客攻击的目标。根据全球性非营利组织、国际网络安全保护联盟的数据，仅自 2017 年以来，黑客组织就入侵、泄露或破坏了超过 6 亿条个人的详细信息，如地址或信用卡号等。

当前，大多数身份管理系统很薄弱且已过时。在互联网时代，各类身份信息需要随时随地可调用并且可验证，传统的数字化或电子化身份管理系统可以满足这一要求。但是，在互联网如此发达的今天，我们对身份管理系统的私密性和安全性提出了更高的要求，仅仅数字化是不够的。有很多行业正面临着具体的身份管理系统方面的挑战，列举如下。

政府管理：跨部门与跨政府之间缺乏身份数据的互操作性，增加了流程的时间和成本，官僚主义和部门保护主义等造成了社会福利的损失。

医疗保健：世界一半的人口无法获得现代医疗保健服务。医疗保健领域的参与者（各类公立医院、私人诊所、保险公司、医生、药房等）之间缺乏患者数据的互操作性，导致医疗保健系统效率低下、患者护理延误，浪费了大量的社会资源，甚至还加剧了本来就已经很糟糕的医患矛盾。

教育：假学历、假文凭的问题一直困扰着全球各企业和政府，难以验证这些凭证的真实性会导致雇用不合格的专业人员，对政府和雇用公司造成品牌损害。

金融：金融机构保管着用户的财富，同时，金融机构又是用户账户系统的保管者，金融机构管理着用户账户的详细信息（如密码），这对于用户来说很不安全。

商业：大部分公司储存着客户和员工的个人数据，妥善并且尽职尽责地保管这些账户数据无疑是公司的重要责任，一旦信息被窃或泄露，不仅会使客户和员工的利益严重受损，而且具有信息托管责任的公司也将受到严重损害，面临巨额罚款甚至刑事责任。

二、区块链作为身份管理的解决方案

区块链使网络中的每个人都可以拥有相同的真相来源，即哪些凭据是有效的，以及谁证明了凭据中数据的有效性，而无须透露实际数据。因此，区块链技术特别适合作为基础技术应用于身份管理系统中，区块链技术为身份管理系统提供了如下几个重要特性。

（一）自主性

基于区块链的去中心化身份管理系统可以实现真正的以身份所有者为中心的身份管理服务，继而确保身份数据和资产的安全性和隐私性，在没有身份所有者授权的情况下，无人可以偷窥或利用用户的隐私信息。

（二）防篡改

区块链技术保证了身份管理系统中的交易记录和登录记录不会被篡

改，因为对区块内容的任何更改都会使该区块的哈希值无效，从而使下一区块的哈希值无效，以此类推，被篡改后的整个身份管理系统也将随之无效。

（三）多共识

理论上，可以有多个甚至无限个机构及个人为区块链上的身份和身份使用记录提供背书，并且同时保证身份的主人对于链上身份拥有真正的所有权和受到隐私保护。

国外已经出现了多个区块链数字身份的探索性项目。欧盟推出了ISAEN计划，为包括国家和企业在内的各类数字身份服务提供者提供了一个数字身份服务方案框架。ISAEN计划着重于设计并推广一个自我身份主权的标识符，通过该标识符，身份服务提供者可以为身份主体（主要是个人）提供使用区块链和密码学技术的数据签名和标记。因此，该标识符系统称为ISAEN（individual personal data auditable address number），即个人身份数据可审核地址。在ISAEN框架下，每个人都可以生成自己的ISAEN标识符，身份所有者可以使用该标识符登录和检索其个人数据。

世界万维网联盟（world wide web consortium，W3C）也设计了基于区块链的分布式身份系统，W3C设计的区块链分布式身份系统，为身份系统的用户提供了去中心化、不会发生单点故障的信任方案。该系统依赖于分布式标识符数据（decentralised identifiers data），这是一种可验证的自主数字身份新型标识符，完全由身份主体控制。

也有许多初创公司和私营公司率先将区块链技术用于身份应用，如Civic（美国一家成立于2016年的身份管理初创公司）提供的Civic Secure Identity应用程序，可以存储个人数据，并可以利用智能手机和平板计算机的加密和生物识别功能为用户提供身份服务。Civic允许用户共享和管理完全自主的身份数据。

美国的另一家创业公司Evernym提供了基于Sovrin区块链网络构建的

SaaS 服务和应用程序，Sovrin 网络是用于自主身份的专用区块链网络。

三、案例分析：瑞士楚格市数字身份项目

瑞士的楚格市（Zug）聚集了很多全球著名的区块链团队，因此区块链行业亲切地称其为“加密谷”（Crypto Valley）。楚格市政府已经与以太坊开源项目 uPort 展开合作，在以太坊区块链上发布了政府发行的身份，称为楚格 uPort 数字身份项目。该项目的目的是为用户提供一个可以控制自己所有的基于集体信任的区块链身份，以对未来楚格市的电子政务服务进行身份验证，并与一些营利性的第三方共享个人数据。

楚格市的区块链数字身份项目本身并不专注于身份系统的独立开发，而是使用 uPort 项目已经存在的基于以太坊区块链的身份管理开源软件。从公民的角度来看，uPort 的身份服务允许公民向特定的公司或政府机构选择性地公开特定信息，从而使公民能够完全控制并事实上拥有其个人数据的所有权。

（一）注册过程

在项目的第一阶段，楚格 uPort 数字身份仅在区块链上为公民提供居住证明，这一阶段作为楚格 uPort 数字身份的测试阶段。基于区块链的数字身份注册，经过楚格市政府的认证，已于 2017 年 11 月 15 日开始运行。uPort 应用程序会为注册的楚格市公民在以太坊区块链上创建一个唯一的且不可更改的加密地址，并将其链接到用户智能手机上的本地以太坊客户端钱包。

（二）功能

楚格 uPort 数字身份为身份确认和个人数据管理提供了新的解决方案。

它使个人数据的所有权从政府集中式管理变为个人自主分散式管理，引入了去中心化的身份数据登记、保管、使用、披露及证明的方式。虽然到目前为止，公民在楚格市通过 uPort 能够使用的数字身份公共服务还比较有限，但是楚格 uPort 数字身份项目未来将扩展到由地方政府当局和瑞士联邦政府运营的其他公共服务上，如统计调查、电子投票、车辆租赁、图书借阅、纳税申报、停车付款等。

公民目前还只能亲自前往楚格市政府大厅注册楚格 uPort 身份，但其实只需要在以太坊上创建一个智能合约的地址即可。楚格市的身份登记部门在楚格 uPort 应用程序中拥有管理员权限，验证在市政厅由用户亲自完成后，楚格市政府会发布使用其私钥签名的证明作为服务器端凭据。这就意味楚格 uPort 身份可以看作政府颁发的官方身份，这种线上线下的身份验证过程仅需在市政厅执行一次，之后就无须再来市政厅办理其他认证文件了，这有点类似我国正在推广的“最多跑一次”政务改革。

（三）治理结构

管理 uPort 应用程序的联盟具有公私混合的性质，项目由总部位于美国的著名以太坊技术孵化公司 ConsenSys 和位于楚格市的卢塞恩经济大学楚格金融服务研究所（the Institute of Financial Services Zug，IFZ）联合发起，并由瑞士的软件开发企业 TI&M 基于开源的 uPort 代码和工具集成而成，最终由楚格市政府进行管理。楚格市政府负责将楚格居民编号与 uPort 地址配对，并批准哪些公共服务可以使用楚格 uPort 数字身份，以及哪些第三方服务可以加入楚格 uPort 数字身份的服务平台。按照计划，最终各垂直领域用户服务的开发应由公共组织、营利性企业及 uPort 以太坊的开源社区共同参与，并由生态系统驱动。

（四）用法

楚格 uPort 数字身份项目于 2017 年 11 月 15 日在楚格市正式启用。在试验的初始阶段，使用的是以太坊 Rinkeby 测试网，而不是以太坊主网。最终，该服务将离开测试网，连上以太坊主网，因为 Rinkeby 测试网只能提供数量有限并且不具备完善治理结构的节点集群，如果将 Rinkeby 测试网作为楚格 uPort 数字身份项目的底层区块链账本，则会留下安全隐患，可能会被黑客劫持并恶意篡改。在测试阶段，楚格的 3 万名市民中，约有 350 名楚格公民完成了注册，目前的以太坊测试网性能还可以承载这样规模的身份地址，在以太坊测试网上的 TPS 大约为 15 笔/秒，即每秒最多可以处理 15 件事务。显然，如果楚格 uPort 数字身份项目继续使用当前的测试网体系结构，则是不可能大规模扩展到其他城市的。

（五）技术架构

从用户的角度来看，楚格 uPort 数字身份系统的主要交互点是 uPort 应用程序。uPort 应用程序主要用于在用户设备上本地存储所有个人数据。安装后，uPort 应用程序会创建一个唯一的私钥，存储在用户的移动设备上，并在以太坊虚拟机上运行两个智能合约。

uPort Registry 是一项共享合约，可用于验证针对特定方做出的私人声明。实际上，它是链下数据的链上参考点，它仅包含用户的公共资料及其永久的以太坊地址，以及本地存储的所有私有数据的哈希值。出于证明的目的，公民可以向自己选择的特定方透露与以太坊公共地址链接的身份信息的一部分。数据使用该特定方的公共密钥进行加密，并使用发送者的私钥进行签名。收件人通过其设备上安装的 uPort 应用程序接收这些凭据，并使用 uPort Registry 来验证数据及其来源的真实性和完整性。在楚格 uPort 数字身份项目的特定实现中，接收者还可以检查发送者是否获得了楚格市政府的身份证明。

个人详细信息的交换是在 uPort 应用程序中完成的，但是在通过公开网络发送之前，所有的信息都是匿名的。通过 uPort Registry 共享的唯一信息就是与身份证明有关的声明和消息。uPort 数字身份一旦创建，与用户身份相对应的以太坊公共地址就会无法删除。但是，用户可以选择从其设备中删除所有个人数据，从而去除共享这些数据的功能。

uPort 应用程序可以被视为区块链外部数据源，该数据源将个人数据本地存储在移动设备上。楚格市政府的居民身份登记簿并不是区块链的一部分，而是可以附加映射 uPort 身份的官方政府中心化数据库。在区块链系统的外部，有一个前端 Web 门户可用于注册 uPort 身份，并使用二维码将其链接到楚格居民身份 ID 号码上。在区块链外部储存的个人身份数据包括姓名、出生日期、身份证号和国籍等。

该区块链的共识机制是权益证明（proof of stake），参与者向系统投入资金参加共识出块。存储在区块链上的数据仅具有哈希形式，而用户的个人数据始终存储在本地，身份信息的储存及 uPort 用户之间的交互则是通过分布式的内容寻址文件系统得以实现的，如 IPFS 网络。

（六）项目收益

区块链身份系统的优点具体如下。

第一，降低运营成本。楚格市政府的工作可以从登记和保管大量的个人身份数据，转变为仅需验证公民的身份即可向其提供所有公共服务。这种转变可以减少大量部门与部门、服务与服务之间的协调工作，降低运营成本。

第二，在降低网络攻击风险的同时降低基础架构成本。基于区块链的自主身份解决方案减少了维护集中式身份信息存储库的需求。一旦将所有权和身份证明移交给公民，则无须托管带有个人数据的服务器和数据库。此外，分布式体系结构也能消除大量个人数据集中性泄露的风险。

第三，提高公民的效率。新形式的证明可以为公民节省服务时间。如果大量企业和公共管理部门允许通过单一身份解决方案进行身份验证和访问其服务，则可以实现工作效率的提高，也可以提供集成服务，并且不需要不同的密码。

作者简介

曹寅：数字文艺复兴基金会董事总经理，曾任信达证券首席区块链专家，是首位券商全职区块链分析师；自2014年开始在国内推广区块链的产业应用，以子课题组组长身份参与了国家能源局相关政策制定，首次提出了区块链服务实体经济；2016年，作为创始合伙人发起了全球第一家能源区块链实验室；2017年，担任爱沙尼亚数字国家计划顾问委员会成员，并联合北欧区块链核心企业发起了数字文艺复兴基金会，基金会致力于孵化并推广基于区块链技术的金融和治理新生态；投资并担任多家知名区块链项目的顾问，并担任国家会计学院讲师，工信部可信区块链人才专家委员会委员；著有《区块链+》，并和马化腾先生合著《互联网+：国家战略行动路线图》。

第八章

区块链数字身份认证基础设施

阎军智　杭小勇　刘福文

在互联网时代，用于在网络中实现对各软硬件实体的身份认证的数字身份分散在各个软硬件产品中。基于公钥密码学的公钥基础设施（Public Key Infrastructure，PKI）技术是一种常见的用于网络实体数字身份认证的解决方案。PKI 技术主要解决身份认证、数字签名、密钥协商等安全问题。随着物联网、智慧城市等应用场景的快速推广及应用领域的不断拓展，网络设备、终端设备的安全需求越来越受到重视，因此 PKI 技术逐步引入到移动蜂窝网、物联网、车联网等应用场景，但与此同时出现了管理复杂、便捷性不足等问题。利用区块链技术构建数字身份认证基础设施，可有效地解决上述问题。

一、传统 PKI 技术在移动通信网中的问题

PKI 是用于实现基于公钥密码体制的密钥和数字证书的产生、管理、存储、分发和撤销等功能的基础设施，广泛应用于数据加解密、数据完整性保护、数字签名、身份认证等多种场景，以及 IPSec（Internet Protocol Security，互联网络层安全协议）、TLS（Transport Layer Security，传输层安全协议）等多种安全协议，为通信网中包括网络设备、终端、软件在内的各种软硬件实体和通信网用户提供了基本的安全服务，在信息安全领域扮演着非常重要的角色。同时，应用场景的扩展给数字证书体系带来了新的挑战，主要体现在以下四方面。

（一）证书批量配置效率低

用户在配置和使用证书时，首先需要向 CA 机构申请证书。CA 机构签发证书后，用户需要将签发的证书配置安装至目标设备或服务器中。在传统互联网和物联网应用中，应用类型较多的一种证书是服务器证书。一般情况下，该类型证书的申请和配置都采用人工方式。但在移动通信网、物联网、车联网等场景中，大量的网络设备和终端设备需要配置数字证书。根据具体场景，证书可能分别来自第三方 CA 机构、设备商自建 CA 或运营商 CA。由于涉及数量巨大，导致这些场景下证书配置的效率较低。快速、高效地实现私钥和证书的批量配置，成为万物互联时代的迫切需求。

（二）多 CA 互信复杂

用户证书只能由所属 CA 的根证书进行验证，不同 CA 之间的证书不能相互验证。针对该问题，目前有如下几种解决方案，但每种解决方案都存在一定的局限。

权威 CA 列表：该方式对依赖方有较高的要求，每一个依赖方需要重复地配置自己的权威 CA 列表，识别所有可能的根证书。

CA 交叉认证：大量 CA 之间进行两两交叉认证时，就会形成复杂的网状结构。另外，一般情况下只有安全级别低的 CA 会给安全级别高的 CA 签发交叉证书，证书策略经过多次映射之后会使证书用途大大受限。

桥 CA：桥 CA 运营方的选择是个难题，桥 CA 运营方的可信程度直接决定了互信关系的可靠程度。

（三）内网设备无法使用 CRL/OCSP

在运营商网络、企业内网中，有部分部署于内网的设备需要支持数字证书验证（即作为证书的依赖方），需要连接互联网使用 CRL（Certificate Revocation List，证书撤销列表）/OCSP（Online Certificate Status Protocol，在线证书状态协议）查询证书状态，但这些设备不具备连接互联网的能力。

（四）CRL/OCSP 单点故障

传统的 PKI 数字证书采用中心化结构，难以避免 CRL/OCSP 单点故障问题。由于 CRL 和 OCSP 服务由 CA 机构提供，一旦出于 CA 机构自身原因或遭受安全攻击等原因不能提供该服务，将影响使用相应 CA 机构数字证书的用户。

二、基于区块链的数字身份关键技术

（一）系统架构

图 8-1 为基于区块链的数字身份认证系统的技术架构，其中主要列出了数字身份认证系统所特有和必需的功能组件，未列出区块链系统所需的所有功能组件。

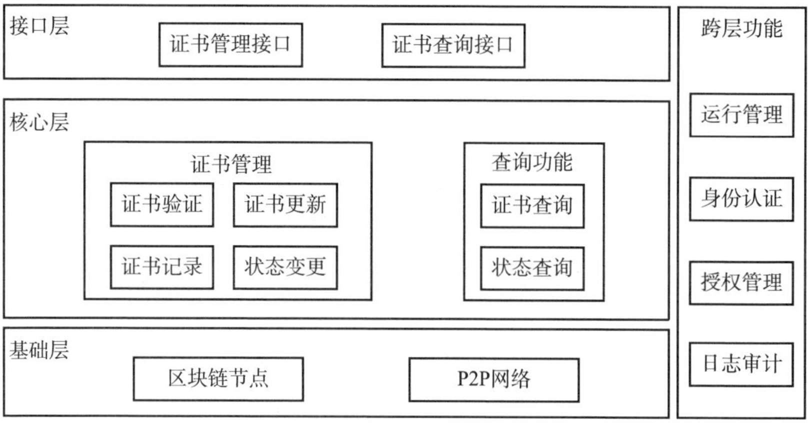

图 8-1　基于区块链的数字身份认证系统的技术架构

资料来源：作者绘制。

各个层次和组件分别描述如下。

1. 基础层

基础层提供区块链系统正常运行所需的硬件设备，以及之上的运行环境和基础组件。

2. 核心层

核心层主要提供数字证书管理及查询功能，证书管理功能包括证书验证、证书记录、证书更新、状态变更等；查询功能包括证书查询及状态查询。

3. 接口层

接口层主要提供与证书管理和应用相关的接口，包括证书管理（发布及变更服务）接口，提供数字证书发布、证书更新、状态变更等功能；以及证书状态查询接口，提供数字证书状态查询和数字证书查询功能。

4. 跨层功能

跨层功能提供与系统相关的运行管理、身份认证、授权管理，以及日志审计相关的功能。

（二）组网方式

基于区块链的数字身份认证系统网络架构如图 8-2 所示。

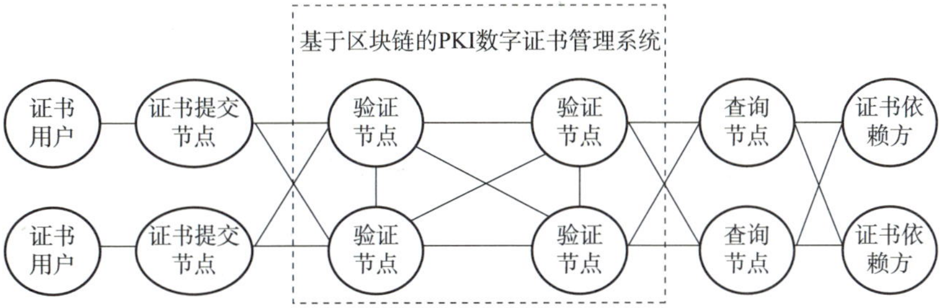

图 8-2　基于区块链的数字身份认证系统网络架构

资料来源：作者绘制。

如图 8-2 所示，其中包含证书用户、证书提交节点、验证节点、查询节点、证书依赖方，其核心是基于区块链的 PKI 数字证书管理系统。各角色的功能如下。

（1）证书用户：是数字证书的实际拥有者。

（2）证书提交节点：用于向区块链系统提交数字证书发布请求，以及数字证书更新请求。证书提交节点是可信节点，证书提交节点负责对证书用户进行认证，确保提交证书的正确性，类似于传统技术中的 RA。

（3）验证节点：用于验证用户发布证书的合法性，验证用户提交的证书更新及状态变更请求，产生新区块。验证节点可以由设备商、运营商、业务供应商，以及证书认证机构等担任，类似于传统技术中的 RA 和 CA。

（4）查询节点：用于提供数字证书状态查询服务。查询节点可以由具有公信力的机构承担，也可以由用户按需自行搭建，类似于传统技术中的 OCSP 查询服务。

（5）证书依赖方：指的是信任证书系统的使用者。

（三）数字证书管理

与传统 PKI 技术类似，基于区块链的 PKI 数字证书管理系统涉及证书发布申请、证书发布、证书更新、证书撤销/挂起/恢复、证书使用、证书查询等流程。

1. 证书发布申请

数字证书在被记录到区块链系统之后才可被依赖方使用。证书在生效之前，证书用户首先向证书提交节点提交证书发布申请。证书提交节点对待发布的证书进行验证，对证书内容进行背书，并在提交区块链时对发布申请进行签名保护。

2. 证书发布

区块链系统在接收到证书发布申请之后，通过验证证书发布节点签名、验证待发布证书内容（如DN项）与证书发布节点身份一致性的方式，对证书提交节点及提交的证书进行验证，验证通过后，在区块链中记录用户提交的数字证书及证书状态。

3. 证书更新

证书到期之前，用户需要更新证书，以保证证书使用的连续性。证书更新可不变更密钥，但从安全性考虑，应更新密钥。证书更新需要通过证书提交节点发起，证书用户使用原私钥对证书更新请求进行签名保护。

4. 证书撤销/挂起/恢复

若发生私钥泄露等安全事件，需要进行证书撤销。证书撤销由证书用户或证书提交节点发起。

5. 证书使用

在证书使用的过程中（如现有的 TLS、IPSec 等安全协议），证书用户将证书摘要或完整证书提交给依赖方，依赖方接收到证书摘要或完整证书后，向区块链证书查询节点查询证书及证书状态，验证证书的合法性和有效性。

6. 证书查询

查询节点根据查询请求向证书依赖方提供证书及证书状态查询服务，该过程与 OCSP 类似。

（四）数字证书格式

为了与现有技术兼容，推荐使用 X. 509 标准格式的数字证书，但可根据业务系统需要对证书格式进行优化。

1. 证书序列号字段

证书序列号字段（Serial Number）由 CA 机构自行定义，要求在 CA 内部唯一，主要用于 CRL。但在采用自签名数字证书时，证书的状态记录在区块链当中，不再使用 CRL。此外，自签名证书由用户自行产生，引入序列号将引发序列号冲突。因此可对数字证书序列号字段进行简化。

2. 签发者字段

签发者字段（Issuer）用于标识数字证书的签发者。若采用自签名数字证书，签发者字段与使用者主体名称字段（Subject）完全相同，此时可以进行简化。

3. 有效期字段

有效期字段（Validity）用于标识数字证书的有效期。在区块链中，每个区块都有明确的产生时间。利用这一特点可以将证书记录到区块的时间作为有效期的起点，当证书因安全性或其他原因不再使用时，将证书状态变更为“撤销”，作为证书有效期的终点。通过此方式，有效期字段也可进一步进行简化。

4. 基本约束

证书的基本约束（Basic Constraint）中的“cA”标识位取值为“false”，以确保该自签名证书不是 CA 根证书。

此外，还可以采用更加简洁的方式，仅保留证书实体用户的 ID 与公钥信息，区块链系统提供用户 ID 与公钥的记录功能和查询功能。此时，用户与依赖方需要支持纯公钥的安全机制。

（五）数字身份管理

数字身份可以分为实名身份和匿名身份。

实名身份指网络设备的真实身份，如设备型号、硬件 ID、MAC 地址等物理属性，或者域名、IP 地址、网络标识等网络属性。实名身份的管理与传统 PKI 技术类似，证书提交节点负责对用户的身份进行验证，确保数字证书中的身份信息与证书用户的真实身份一致。物理属性由设备商提供和背书，网络属性由设备部署和运营机构分配和背书。证书提交节点在向区块链系统提交数字证书的同时，需要提交用于证明用户身份的信息，验证节点将对这些信息进行验证。

匿名身份可以由用户自行产生，在证书中不含有用户的身份信息。证书中 Subject 的信息仅作为标识信息，对用户的身份验证在具体应用中进行。业务应用系统需要使用其他方式对用户进行身份认证（如用户名+口令、人工审核等方式），并将该证书和认证后的用户建立对应关系，此时该证书可用于对该用户的身份认证。此外，由于 DN（Distinguished Name，标识名）项中不含有证书用户的身份信息，有助于保护证书用户的隐私。

（六）认证策略管理

在具体实现中，可以为不同的场景制定相应的认证策略，该策略将明确验证节点对证书的验证方式、验证内容及验证规则。例如，如果证书由设备商节点提交，则需要确保证书中 DN 项携带的设备商信息与证书提交节点一致；在证书内容验证中，需要确保证书 DN 项的唯一性；针对自签名证书，需要确保证书的基本约束中“cA”标识位取值为“false”，以确保该自签名证书不是 CA 根证书。此外，还可以定义验证节点验证成功的条件，如大多数节点验证成功、全部验证节点验证成功、满足一定数量的节点验证成功等。

（七）过期数字身份记录优化

区块链中通常包含所有的历史交易，随着交易量的增加，整个区块链所占用的空间会越来越多，对节点存储资源和计算资源的需求会越来越高，因此需要考虑系统节点因存储完整的区块链数据所占用的资源开销。

数字证书系统与货币交易系统相比具有一个显著特点，即数字证书具有有效期。电子货币交易涉及交易的回溯与验证，因此需要有完整的历史交易数据。对于数字证书系统而言，数字证书在超过有效期或证书被撤销之后就不再使用，即使需要备份，其备份的时间期限要求也短于货币交易系统。

根据上述特点，可以对区块链系统的存储空间进行优化。具体方法为，如果某一区块中所有证书均已失效（已过期或被撤销），那么可以将该区块的区块体从区块链中删除，仅需保存这些区块的区块头。保留区块头，就可以保证整个区块链的完整性，删除区块体则可以减少区块链占用的存储空间，避免区块链存储空间无限制地增长，同时也可以提高对区块中数字证书的检索效率。

三、基于区块链数字身份应用案例

（一）网络设备身份认证

在通信网中，有大量设备需要进行双向的身份认证。PKI 是一种常见的用于网络设备进行双向身份认证的技术，常用的协议有 IPSec 和 TLS 等。此时，设备管理员需要为这些设备申请并配置数字证书。在具体操作中，可以通过 CMP 等在线方式进行数字证书的申请及证书更新，也可以由设备商或运营商的管理人员向 CA 申请证书，之后将证书配置到设备中。这两种方式都需要向 CA 中心提交申请，之后等待 CA 中心的响应，直至获取到 CA 中心签发的证书以后，才可以将证书配置到设备当中。通信网中还存在大量设备不支持在线证书管理。对于这些设备，需要设备管理人员负责密钥的产生及证书的配置工作，效率较低，还可能造成密钥泄露。

在基于区块链数字身份认证体系中，设备商可以在设备生产线产生和配置证书，在设备出厂或入网时，将设备的证书信息通过设备商节点上报至基于区块链的 PKI 数字证书管理系统。采用此种方式可实现大批量设备的证书配置，提高证书配置的效率。

该应用案例具体操作流程如下。

（1）设备商为每个设备产生自签名数字证书，自签名证书中携带设备商信息。例如，在 DN 项中注明设备商名称，然后将自签名证书提交给证书提交节点。

（2）证书提交节点会验证数字证书的内容和设备身份，验证通过后向区块链系统发布证书发布申请，其中包括自签名数字证书，以及证书提交节点的签名信息。

（3）验证节点在接收到来自证书提交节点新提交的证书后，对证书格式及内容、签名信息进行验证。如果证书提交节点是设备商节点，还需要确保证书中的 DN 项携带的设备商信息与证书提交节点一致。验证节点达成共识后，将新提交的数字证书记录到区块链中。

利用通道的概念，证书用户即设备商在提交证书中还可以指定通道，将数字证书提交给相应的通道进行验证。此时，一个通道相当于一个信任域，数字证书将仅能在该通道中被信任和使用。在移动通信网中，许多网络设备不具备移动性，或者具备有限的移动性。因此，设备商可以与一个或多个运营商建立通道，在设备入网之前，证书提交节点将设备证书提交给相应通道的节点进行验证，一方面可以实现按需选择数字证书的信任域，另一方面可以避免证书信息泄露给信任域之外的节点。

网络设备在进行身份认证的时候，证书依赖方需要利用设备的数字证书，对证书的合法性进行验证。如图 8-3 所示，以常用的网络设备认证协议 IPSec 为例，描述了网络设备与网关之间的认证流程，主要过程如下。

（1）网关接收到设备提交的数字证书后，向区块链数字证书查询节点查询设备证书状态。

（2）区块链数字证书查询节点查找证书最新状态，并反馈给网关。

（3）网关根据证书状态进一步验证设备证书的有效性，验证通过后执行后续步骤。

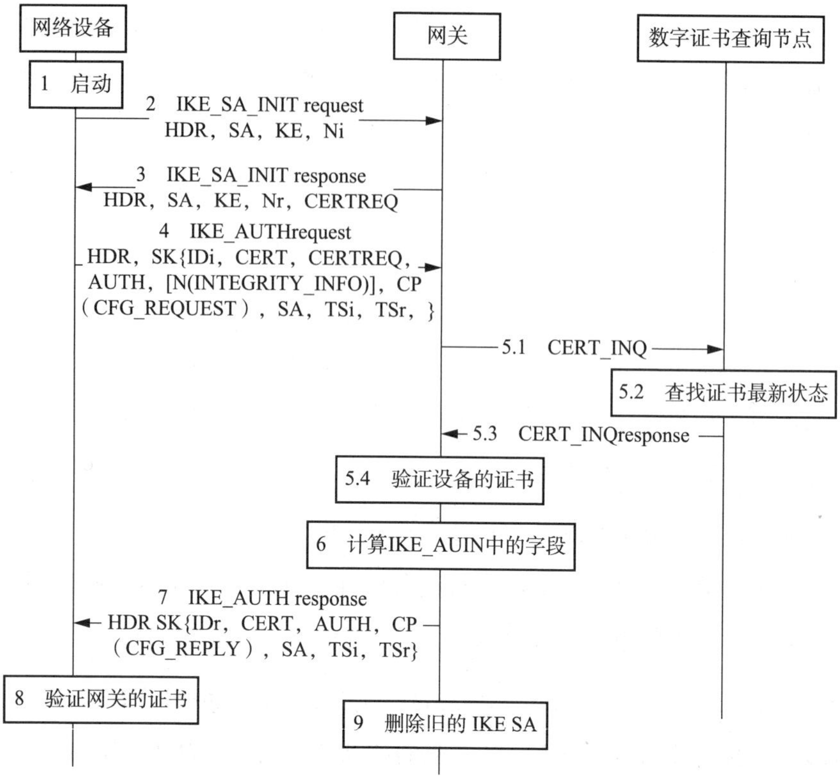

图 8-3 基于区块链数字身份认证体系的设备认证流程

资料来源：作者绘制。

（二）适配 TLS/DTLS 协议

对于支持 PKI 能力的物联网设备，可以采用本技术方案提高 PKI 技术的应用效率，提高证书配置效率，并且可节约认证过程中的带宽资源。

设备商可在物联网设备生产阶段自行产生和配置证书，在设备出厂或入网时将设备的证书信息发布至基于区块链的 PKI 数字证书管理系统。

设备认证过程中，可以采用 TLS/DTLS 等安全协议，但采用上述协议需要向认证方传输完整的数字证书。利用本文的技术方案，可通过传输证书标识信息代替完整的数字证书，节约带宽资源。如图 8-4 所示，以 TLS 协议为例，介绍了基于区块链数字认证体系的物联网设备认证流程。

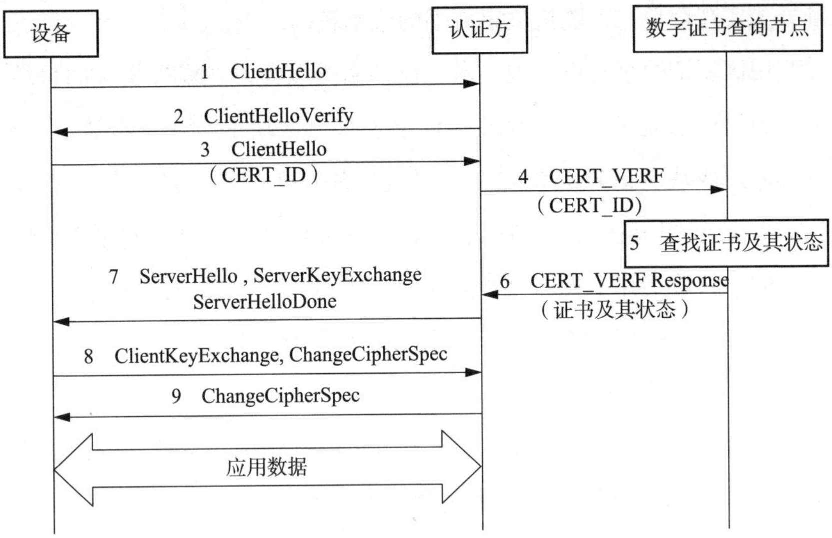

图 8-4 基于区块链数字认证体系的物联网设备认证流程

资料来源：作者绘制。

图 8-4 中，设备与认证方之间的交互遵循标准的 TLS 协议，在步骤 3 的 ClientHello 消息中，携带设备证书标识信息取代完整的设备证书，以节约带宽资源。认证方在接收到设备提交的证书标识信息（CERT_ID）之后，向区块链数字证书查询节点查询证书（步骤 4）。查询节点根据证书标识信息查找相应的证书及其状态，并将证书及状态返回给认证方（步骤 5 和步骤 6）。之后，认证方根据证书及其状态对设备进行认证，并进行后续 TLS 握手流程。

（三）智能硬件数字身份管理

在智能穿戴、智能交通、智能家居、医疗、机器人等领域，智能硬件有着巨大的应用需求。为了实现对智能硬件设备的身份认证，可以在这些设备中配置唯一的身份标识信息。PKI 数字证书是最常用的身份标识方式之一。通常有两种证书申请方式：一种是设备商自建 CA，为自己的设备签发数字证书；另一种是向第三方 CA 机构购买数字证书。第一种方式需要设备商建设并维护一套 CA 系统，且这套 CA 签发的证书很可能不被其他机构信任，为了被其他机构信任，还可以与第三方 CA 机构进行桥接。第二种方式实现简单，但购买数字证书的成本较高。

利用区块链数字身份管理技术，设备商可以为设备配置相应的自签名证书，通过证书提交节点将自签名证书上传至区块链数字身份认证系统。该证书通过区块链节点共识之后记录到区块链中，被系统参与节点所认可。在提交至区块链时，设备商还可以选择区块链中的节点或通道所组成的信任域，将数字证书发布至相应的信任域中。设备商无须自建 CA，也无须向第三方 CA 机构购买数字证书，可降低 PKI 技术的应用成本，还可以灵活选择信任域。

在设备进行身份认证过程中，依赖方可以利用区块链数字身份认证系统对设备的身份进行认证。具体可以采用 DTLS/TLS/IPSec 等标准协议，也可以采用其他协议，依赖方仅需在证书状态查询环节向区块链节点发起查询即可，其他过程与传统 PKI 机制相同。

四、小结

与传统 PKI 数字证书认证相比，基于区块链的解决方案具有如下优势。

（1）可以在设备生产线批量产生和配置数字证书，提高数字证书配置的效率和安全性。

（2）将数字证书产生过程与建立信任域的过程解耦，证书用户可以灵活地按需建立信任域。

（3）可以实现多个 CA 机构之间的互信。

（4）设备商无须建设和维护 CA 系统，降低成本。

（5）内网和互联网边界部署查询节点，可以解决内网设备无法使用 CRL/OCSP 服务的问题，同时可以提高查询效率。

（6）查询节点分布式部署，可以避免传统解决方案中的 CRL/OCSP 单点故障问题。

与此同时，基于区块链的解决方案也面临以下一些限制与挑战。

（1）需要为区块链解决方案制定证书策略，其中包括背书和验证策略等内容，且不同通道、不同的信任域可能采用不同的证书策略。

（2）自签名数字证书仅能够用于信任域内的身份认证，不能用于签名。

（3）区块链技术自身仍在发展当中，其安全性将影响数字身份认证系统的安全性。

参考文献

［1］中华人民共和国国家市场监督管理总局 . GB/T 20518—2018 信息安全技术 公钥基础设施 数字证书格式［S］. 北京：中国标准出版社，2018.

［2］3GPP TS 33. 320，Security of Home Node B（HNB）and Home evolved Node B（HeNB）.

［3］3GPP TS 33. 310，Network Domain Security（NDS）；Authentication Framework（AF）.

［4］ITU-T X. 509，The Directory：Public-key and attribute certificate frameworks. 1997.

［5］IETF RFC 5280，Internet X. 509 Public Key Infrastructure Certificate and Certificate Revocation List（CRL）Profile. 2008.

［6］GSMA SGP. 21，RSP Architecture. 2017.

［7］GSMA SGP. 22，RSP Technical Specification. 2017.

［8］阎军智，彭晋，左敏，等 . 基于区块链的 PKI 数字证书系统［J］. 电信工程与技术标准化，2017，30（11）：16-20.

作者简介

阎军智：中国移动研究院高级工程师，主要从事区块链技术研究、行业应用方案制订及推广，以及区块链标准在 CCSA、ITU-T 等标准组织的推进工作。

第九章

区块链与行政监管

徐少山　徐　军　严志农

一、区块链的背景和特点

（一）区块链产生的背景

自从2009年比特币横空出世以来，区块链技术迅速进入人们的视野，引起世界的关注。现在区块链技术已经发展成为全世界信息化的重要基石之一。区块链是比特币的技术基础，区块链技术已经成为很多行业、多种场景应用的重要变革因素，拥有与人工智能、大数据、物联网并行的地位，人们在数字金融、物联网、智能制造、供应链管理、数字资产交易等多个领域都有了积极的探索，积累了很多经验。2019年10月24日下午，中共中央政治局进行第十八次集体学习，重点关注区块链技术的发展现状和趋势。这次学习活动，更加促进全社会认知和学习区块链技术。未来区块链和人工智能、大数据、物联网等信息技术结合，发挥各自的特点，取长补短，集成创新并融合应用，会对很多行业和场景产生革命性的影响。

国际货币基金组织（International Moneytary Fund，IMF）前总裁克里斯蒂娜·拉加德（Christine Lagarde）曾表示："区块链是一项令人兴奋的进步"；在2018年博鳌亚洲论坛上，拉加德与马云对话时表示，区块链会影响现有的政策制度；美国国会多次为区块链技术召开听证会，并专门成立了美国国会区块链核心小组（Congressional Blockchain Caucus），2018年3月发布的《美国联合经济委员会报告》中有专门的章节阐述区块链技术。

（二）区块链的特点

学者们和社会之所以对区块链高度关注，政治领袖也对区块链高度关注和欣赏，是因为区块链一些独特的属性。从促进行政监管的角度，区块链的如下特性提供了无与伦比的魅力。

1. 可追溯性

所谓区块链，是指按照时间顺序，把特定形式的数据以区块（BLOCK）形式记录下来，每个区块上都有“时间戳”。因此在“时间”要素上，区块链具有天生的溯源性，即以“时间”为线索的可追溯性是区块链的天然属性。通过有效结合区块链和物联网技术，可以把现实世界中的各种管理、特性，与信息世界、网络世界中的数据连接起来。

2. 哈希算法

哈希（HASH）算法（又称为散列算法）是一种压缩映射，是把任意长度的输入（又称为预映射 pre-image）通过哈希算法，转换成固定长度的输出，即哈希值、散列值。使用哈希算法可以提高存储空间的利用率，可以提高数据的查询效率，也可以做数字签名来保障数据传递的安全性。哈希函数具有“单向”性质，即根据输入信息能够计算出哈希值，但是根据哈希值，不能推算出原来的信息。可以说，哈希值是文件的“数字指纹”。常用的哈希函数包括 MD5、SHA 等。

3. 分布式和联盟链

区块链的应用形式包括公有链、私有链和联盟链。公有链是面对全社会的公众提供服务，私有链是对特定组织的内部提供服务，而联盟链是对达成一致的群体提供服务。联盟链形式非常适合于行政监管。

以上特性的综合使用，能够在行政监管中实现可追溯性，保护商业隐私和技术机密，改进存储和数据传输的弹性，有效地安排支出和资源使用。区块链和实体经济能够有效地深度融合，可以解决部门监管难的问题，并且能够打造出便捷高效、公平竞争、稳定透明的营商环境，也能推动经济的高质量发展。

二、行政监管的特点

政府的行政监管是为了实现公共管理，为整个国家服务，可以视同为全社会的公共产品。为了达到监管的目的，不可避免地需要掌握被监管对象的信息。以制造业为例，企业的资质、生产管理、安全和环保、产品质量等信息都或多或少地在行政监管范围之内。当然，在行政监管之内获取和储存这些信息和数据，是有法可依的，不能无限制、不受约束地要求企业提供。强制性和约束性是在获取、使用数据过程中必须要考虑的。

三、发挥区块链的特性，用于行政监管

在信息化、数字化的浪潮和发展进程中，政府的行政监管正在发生转变，同时也面临着新的挑战。在计算机普遍应用之前，各种信息大多以纸张为载体进行记录和传递，效率较低、综合成本高昂。随着计算机、扫描仪、录音录像设备的普及，各类信息电子化越来越容易，计算机中的数据越来越多，大大提高了记录效率。局域网和互联网的出现，成功地把分散在世界角角落落的信息孤岛连接起来，达到信息互通的目的，极大地促进了沟通效率。行政监管也越来越信息化、网络化。但是，信息化、网络化的监管带来了许多矛盾，如有些信息涉及被监管对象的商业隐私、技术机密，企业不愿意提供，甚至提供不真实的信息；大量的信息过度冗余，导致行政部门的数据传输和存储的压力日益增大等。区块链的诞生，为行政监管的改进提供了新的选择和可能。区块链的很多特质贴合行政监管的需求，解决了管理中的许多矛盾。

（一）应用场景

联盟链可以实现政府部门与被监管对象、政府部门之间的互通有无，同时又不会干扰公众或被公众干扰。说到区块链，很多人总是不由自主地想到公有链，实际上，联盟链具有很多的应用场景。政府部门可以把相关部门、上下级部门和被监管对象作为联盟链的节点，促进互信的数据共享和交流。各参与方自主维护原始数据库，仅提取少量摘要信息，利用区块链技术保存到链中，既可查询外部海量数据，又不泄露自身的核心商业数据，进而打破现有技术框架下无法解决信息孤岛问题的僵局[1]。基于行政监管的特点，能够作为节点的单位和部门需要满足一定的条件，并且处于法律授权或行政监管之中，其可信度和可实施性都与商业性的公有链大大不同。

（二）时间戳

区块链能够记录每个区块中的时间戳，低成本地实现时间可追溯性，追踪事件、行动的发生，以便区分责任。在行政监管中，往往需要对事件的来龙去脉进行分析，查明原因。在没有区块链技术时，实现这样的功能往往需要专门的设计，还往往出现遗漏和差错。时间戳作为区块链的天然属性，如果在数据记录都应用了区块链，实现溯源就易如反掌了。

（三）不可篡改性

哈希算法和哈希值能够实现数据的不可篡改，使存储和网络带宽的需求具备了弹性，监管部门可以根据实际情况，理性地选择数据传输和存储的方式、地点。根据哈希算法的特点，无论是文字、音频、食品、图片、测试报告，还是数据集合，总是能够产生出一个特定长度的、简短的字符串，即哈希值。一旦哈希值确定，原来的文件就不能篡改了。任何对原来文件的微小改动，都会导致哈希值的巨大变化。因此，行政监管部门可以换一种思考方式：如果把数据保存在被监管对象，或者其他关联的政府部门，本部门仅仅保存哈希值，辅助分布式的数据验证，是否可以达到监管的目的呢？答案是肯定的。例如，在食品加工企业，其生产和管理过程中要对原材料、半成品进行处理，包括清洗、消毒、分割、包装等，整个过程中涉及对温度、压力 Ph 值、配方、质量、机器使用润滑油性质和种类等各种参数的把控。这些数据时时刻刻在产生，随着时间的累积，将占用大量的存储空间，如果所有的数据都传输到行政监管部门，不仅没有必要，还会占用大量的网络带宽。利用哈希算法，可以把上述这些信息每间隔一定时间（如 10 分钟、2 小时、一个班次等）计算出一个很短的哈希值，然后仅仅把哈希值传输到约定的区块链（联盟链），记录在区块中，而原始数据保存在企业中。如果这样做，对行政部门的存储要求就会急剧减少。

如果出现质量和食品安全问题，行政监管部门按照《中华人民共和国产品质量法》《中华人民共和国食品安全法》等法律法规要求，要求企业提供相关数据的原始数据，进而通过区块链上以前记录的哈希值，验证企业提供信息的真伪。产品质量和安全的主体责任依然是企业，而不是转移给行政监管部门。这种管理模式不仅能够达到监管目标，减少数据传输量和数据存储量，还可以有效地保护企业的商业隐私和技术机密。因为原始数据并没有传到行政监管部门，行政监管部门无法通过哈希值来推算原始数据，从而化解了企业在内心里不愿意上传这些数据的矛盾，有利于创造良好的、透明的营商环境，避免不规范、甚至个别人员违法违规现象的发生。

总之，对于食品生产业的监管者来说，采用物联网和区块链技术，可以使提供的数据更加透明，数据分析能够更快速地响应。区块链为我们保证了信息的可靠性及成员之间的信任，而这种信任以前是不存在的。2018 年 7 月，英国食品标准局（Food Standards Agency，FSA）成功地完成了一项区块链试点。FSA 信息管理主管 SIAN THOMAS 说，我们认为区块链技术可能会为食品工业增加真正的价值……我们的方式是与业界一起开发数据标准，这将使理论成为现实，我很高兴我们能够证明区块链确实在食品行业发挥了作用。我认为，工业界和政府还有大量的机会，共同为推广和发展区块链技术而努力[2]。

四、行政监管应用区块链可能面临的挑战

新技术的应用，必然也会带来新的挑战，主要体现在四个方面：①会不会增加企业负担；②会不会出现某些企业不诚信、销毁原始数据的情况；③如果没有原始数据，但是需要统计分析，该如何进行；④法律环境是否需要适合。

（一）企业负担

经过测算，采用区块链进行行政监管，基本不增加企业负担，或者增加的可能性微乎其微。目前，手机、平板电脑等设备日益普及，信息化成本巨幅下降。在企业端，大型企业往往拥有自己的信息系统，管理基础比较扎实；中小微企业，它可以借助平板计算机、计算机、手机存储这些数据，也可以把这些数据存储在云端。对于某些中小微、困难企业，政府也可以通过政府采购，统一购买云服务，让他们把行政监管所需要的数据上传到云端。

（二）不诚信与销毁数据的现象

最近几年的案例中，经常能够看到企业销毁数据，意图逃避处罚的情况。这种情况需要法律层面的支持，因为行为本身是恶意的，也是违法的。按照《中华人民共和国产品质量法》《中华人民共和国食品安全法》等有关法律法规的要求，企业需要保留这些记录，以供查证。未来法律法规修订时，是否可以作出规定：如果企业不能依法提供当时的真实数据（区块链上已经有了这些数据的哈希值），责任由其来承担。也就是说，既然历史上已经把哈希值上传到区块链，说明当时是有原始数据的，如果出现了质量事故却又不能提供原始数据，则应按有罪推断。根据数据的重要

度和敏感性，也有其他解决方案。

（三）统计分析

这是个需要认真对待的问题。按照原来的管理模式，原始数据大都集中存储在某些服务器上，开展统计分析是比较容易的；采用区块链的方式，原始数据可能是存在云端、客户端，区块链上只有哈希值和一些特定的信息。现实中，可以根据实际情况，采取两个不同的解决方法：第一种方法，如果数据完全存放在云端或者在企业的节点，则可以结合边缘计算的理念，开发分布式计算软件，从各个节点抓取数据，进行统计分析，回馈结果到行政监管部门；第二种方法是结合企业的信息化管理水平和行政监管的统计分析需求，对企业进行分类管理。对于信息化水平比较高、管理水平比较高、诚信度水平比较高的企业，其自行保存原始数据，做好备份和管理；需要统计分析时，依据事先得到的授权，行政监管部门可以从企业服务器读取相应的数据。对于信息化水平比较弱企业，在把原始数据上传到云端的同时，把其中最重要的、适合统计分析需要的数据存储到行政监管部门服务器端或云服务器端。

（四）法律环境

“取证难”一直是行政监管的痛点，哈希算法能够实现电子数据的不可篡改，大大降低了获取真实证据的成本，提高了效率。未来修订法律法规的时候，建议予以考虑。

五、小结

总之，应用区块链开展行政监管，需要跟踪其发展动态，进行顶层设计，探索利用区块链和分布式计算，共享各部门的数据，实现政务数据跨部门、跨区域的共同维护和利用，促进协同办理，提高有效性，改进营商环境；同时需要转变思维方式，适应新技术发展带来的管理变革，积极培养相关人才，分阶段、分步骤地稳步推进。

参考文献

[1] 巴曙松，等．区块链新时代：赋能金融场景［M］．北京：科学出版社，2019：225.

[2]［巴西］MAXIMILIANO SANTOS，ENIO MOURA．基于区块链的物联网项目开发［M］．董宁，王冰，朱轩彤，译．北京：机械工业出版社，2019：98.

作者简介

徐少山：中国质量认证中心经营发展部处长，资源节约产品认证暨政府采购推进办公室主任；长期从事制造业、服务业的质量管理、环境管理评定和供应链管理，参与能源、可再生能源、能效、低碳的政策研究、国际国内合作、相关产品和技术推广；受国家发改委、财政部、工信部、商务部、教育部等单位的委托，在发展规划、节能减排、政府采购、冷链物流、食品安全等领域，开展和主持了多项工作；先后承担和主持了十多项联合国开发计划署、世界银行、美国能源基金会、国际铜业协会、英国使馆委托的研究项目；自 2017 年开始跟踪和研究区块链技术及应用，目前就区块链技术在政府监管，食品安全，动物养殖，碳减排，绿色建材监管和 TIC 行业的应用有一定的研究和心得。

徐军：中国质量认证中心南京分中心主任，南德认证检测（中国）有限公司董事长，国创未来检测技术（江苏）有限公司董事长；曾任南京出入境检验检疫局机电化矿处副处长、江苏出入境检验检疫局认证监管处副处长、江苏出入境检验检疫局质量管理体系评审中心（中国质量认证中心江苏评审中心）主任；从事认证认可工作 30 余年，具有丰富的实践和管理经验，是国家行业标准《出口扳手检验规程》

《出口钳检验规程》《出口台式钻床检验规程》《出口锁具检验规程》《出口水泵检验规程》《出口机用木工钻检验规程》《出口电火花线切割机检验规程》《出口可移式电动工具型材切割机圆锯带锯三个检验规程》的主要起草人；作为组长完成原国家质检总局“小家电产品认证风险分析及其控制研究”课题，该课题2011年被国家科技部进行科技成果登记，2014年被国家认监委评为优秀科研项目；作为副组长，开展了中国质量认证中心课题“应用区块链技术开展第三方评定的可行性研究”。

严志农：沃尔玛食品安全协作中心执行主任、食品微生物学专家、全球食品安全倡议中国区指导委员会委员副主席、中国连锁经营协会食品安全委员会专家顾问；业务专长包括对各类食源性风险因子在粮食、肉类、果蔬、休闲食品的生产和加工过程，以及在零售和餐饮环节的发生、污染、溯源和控制的分析及提出整体解决方案；在食品加工设备及生产和经营环境中的微生物的检验分析和监控及控制方面有特别丰富的经验；发表论文和书籍共30余篇，拥有美国奥本大学植物病理学博士学位及中国农业大学植物病理学学士和硕士学位；现任沃尔玛食品安全协作中心执行主任，带领团队围绕食品安全创新、食品安全教育、食品安全政策支持三大领域，通过与各方通力协作来共同推进中国食品安全的发展。

第十章

区块链在数字政务领域的应用前景及挑战

张奕卉

2017年12月8日，中共中央政治局就国家大数据战略进行第二次集体学习，提出必须加快建设数字中国。数字政府的建设对更好地提供政府服务，切实改善服务质量，提高社会整体运作效率具有重大意义。数字中国是一个包括数字经济、数字政府、数字社会“三位一体”的综合体系。其中，数字政府是重中之重，将点燃新一轮改革创新的核心引擎。2018年7月31日国务院出台的《关于加快推进全国一体化在线政务服务平台建设的指导意见》提出，要在2022年底前，全面建成全国一体化在线政务服务平台，实现“一网办”。当前，数字政务仍然面临数据孤岛、网络安全、监管缺失、效率低下、成本高昂等痛点，区块链可为数字政务提供新的解决方案。

一、数字政务发展现状及痛点

数字化时代，传统政务服务开始向“互联网+”的数字政务服务转型，而数字政务的发展至今已经过了三个阶段的迭代。在数字政务1.0时代，通过Web技术将政府信息数字化，也就是电子政务时代；在数字政务2.0时代，通过移动互联网技术将政府服务数字化；在数字政务3.0时代，通过大数据、物联网、人工智能等新兴技术将政府组织数字化[1]。所以说，数字政务是电子政务发展到更高阶段的产物，是一种数据化、自动化、智能化、智慧化的电子政务。

信息共享是建设数字政务的前提，然而我国的数字政务建设长期存在着“各自为政、条块分割、烟囱林立、信息孤岛”等问题。由于数字政务体系内各个政府部门之间信息孤岛问题非常严重，出于数据安全因素的考虑，数据共享在现实情况下往往难以推进。究其原因，最大的难点在于政府部门作为天然的中心化管理机构，不可能接受完全去中心化的业务流程。因此目前，在政务数据共享领域，存在办事入口不统一、平台功能不完善、事项上网不同步、服务信息不准确等诸多痛点。

此外，数据的安全可信流通是数字政务发展面临的另一大考验。第一，电子数据容易被篡改，且没有时间标识，其完整性和真实性急需可靠的技术验证手段来保障；第二，电子数据的复制成本几乎为零，这使得电子数据容易发生泄露，与传统载体相比，互联网间接提升了电子数据泄露的风险；第三，信息化的快速发展使数字政务不只满足于专网环境，如何确保数据在不可信的互联网环境下可信传输更是一个亟待解决的问题。

二、区块链为数字政务发展带来新契机

区块链去中心化、不可篡改、非对称加密、可追溯等特性[2]，正好契合了数字政务中对于数据流通安全性和可信性的需求。通过共识机制构建一个多方参与的信任网络，进一步实现互联网与政务的深度融合，优化政府业务流程，使得政务公开真正地走向阳光、透明、可信。

（一）区块链有助于建立对数据流通的信任机制

在传统的集中式数据库中，一个实体部门通常负责收集、保护和共享信息，而分布式的区块链节点能够帮助各部门在不依赖第三方的情况下，在数据传输过程中对数据真实性、原始性进行验证，从而确保数据传输的可信性。同时，区块链可以创建可信任的信息审计跟踪机制，实时记录数

据的位置、用途、访问者等，极大地提高数据处理流程的透明度，并且在政府环境中防止信息的滥用或伪造，实现有效监管。

（二）区块链提升服务效率并降低信息系统运营成本

区块链通过智能合约预先约定好数据自动化处理流程，在网络数据交互中有利于提升工作效率。其自动化的分布式结构，在节省数据处理成本、减轻运营负担的同时，可以提高系统的健壮性。各部门业务数据同步不需要再全量向中心化数据交换系统进行冗余复制，既减少了各部门工作量，又在具体跨部门业务发生前保护了部门的数据隐私，也减轻了信息化服务中心对中心化系统的维护负担。

（三）区块链同步实现信息共享和数据隐私保护

通过区块链来构建相关的部门联盟，利用区块链数据的可信性来实现数据共享，借助区块链的加密机制来实现隐私安全的保障，从而实现了数据的全面归集，做到了权责分离。根据系统的设计方式，管理员可以开发复杂的许可方案，在多方参与的情况下控制谁可以访问哪些类型的信息，哪些信息可以由谁共享等，即允许政府部门对访问方和访问数据进行自主授权，实现数据加密可控、实时共享。

三、当前区块链在数字政务领域的应用

作为我国区块链落地的重点示范高地，政务民生领域的相关应用落地开始于 2018 年，多个省市地区积极通过将区块链写进政策规划进行项目探索。当前区块链主要应用于政府数据共享、电子发票/票据等细分领域。

（一）政务数据共享

区块链技术从真实、安全、平等、高效四个特性出发，利用不可篡改、密码学、分布式、智能合约这四个主要技术，将政务数据共享平台颗粒化和去中心化。将区块链技术运用到“互联网+政务服务”平台建设中，完美解决了数据的实时共享、鉴权变更和安全利用之间的矛盾，并实现了数据提交、信息核对、详情查询、评估结果四种数据交互方式，解决了部门之间数据权限的管理和引用问题[3]。例如，2018 年 10 月，广州开发区推出的“政策公信链”是区块链政策兑现平台，旨在提高政府的政策兑现业务处理效率。2019 年 4 月，北京市海淀区推出基于区块链等技术的“不动产登记+用电过户”同步办理的新举措，实现以二手房交易为主题的各项服务的联动办理。

（二）电子发票/票据

基于区块链的去中心化、不可篡改、分布式共享、隐私保护等特性，可以追溯发票的来源、真伪和报销等信息，解决发票流转过程中一票多报、真假难验等难题。具体来说，区块链技术应用于数字发票系统，可以确保电子发票信息在产生和存储过程中的唯一性，实现确权认证；可以实现企业或个人电子发票上的数据信息在产生和存储过程中无法伪造、不可篡改，确保数据真实；可以在技术层面上建立起不同企业、机构和个人之间的信任。例如，2018 年 8 月，由国家税务总局深圳市税务局主导、腾讯提供技术支持的区块链电子发票项目上线。2019 年 6 月，浙江省区块链医疗电子票据平台上线，该平台由浙江省财政厅发起，利用蚂蚁区块链技术共同推进，旨在优化用户就医流程。

四、“区块链+数字政务”面临的挑战

区块链技术作为一项新兴技术，虽然政府也在推行，业内也在探索，但依旧面临着一系列现实挑战。

（一）技术层面本身不够成熟

区块链技术在系统稳定性、应用安全性、业务模式等方面尚未成熟：从性能上看，无法同时满足“效率”“去中心化”“安全”这三个要求，区块链上可进行的交易吞吐量不高，高频次业务需求难以得到满足；从能耗上看，工作量证明等共识算法能源消耗大、成本高，使得区块链浪费大量全网计算力和财力；从生态上看，目前区块链产品不成熟，缺乏相关的开发、集成和运维体系，我国在区块链开源平台上缺少话语权和影响力；从监管上看，加密技术对合法监听、客户识别、反洗钱等监管手段带来不小挑战，同时区块链的多方协同治理也对监管提出更高要求。

（二）业务落地层面基础设施尚未健全

区块链仅能解决技术层面的问题，但在业务落地层面，数字政务的深度应用和广度应用在各个地区的发展仍不平衡。所谓广度，体现在可在网络上办理的政务服务事项或环节大幅增加；深度则是指各类政务办理已开始摆脱物理环境的办事大厅窗口，逐步转移到依托计算机（电脑）或手机等办结。当前，多地部门间的数据交互机制、共享数据库等还未建立或完善，一定数量的政务服务还未实现网络化、电子化升级，部分政务服务即使已经电子化也没有得到大规模应用，App 实际注册量不足 1%。

（三）行政思维层面需要开拓创新

曾经各部门和机构之间权责不清、各自为主，信息处于封闭状态，不

敢分享，也不想分享。数据共享难以真正推进的原因在于政府部门作为天然的中心化管理机构，不可能接受完全去中心化的业务流程重塑。人民网曾发表评论："若想做活政府 App，使其真正成为民众生活的助手、公众舆论的容器，功夫在 App 之外，在于激活运营、管理、制作 App 的一个个政府部门，激活政府僵化的工作机制，提升政府'以人为本'的服务意识，根本转变政府职能。"所以，未来"区块链+数字政务"能否真正实现，主要取决于政府是否愿意以及在多大程度上愿意接受去中心化改造，告别懒政，升级新的行政思维。

五、总结与展望

区块链作为一种新技术，为数字政务服务的改革和创新打开了一扇窗。有关部门应该联合区块链企业建立相应的合作推进机制，加强统筹推广，加快相应的技术标准建设。地方政府可以依托国家重大战略，选择典型领域进行应用探索试点，促进地方特色产业发展。技术服务商首先要拥有自己的技术力量，其次要对政府之间的系统、部门和部门之间使用场景有较深入的理解，这样才能设计出务实的、能使用的系统。同时需要注意的是，区块链技术绝不是解决所有问题的方法，需要找到适合的场景才能使其发挥应有的价值。

（本章内容 2019 年 11 月发表于《人民邮电报·智库观察》）

参考文献

［1］算力智库研究院．"区块链+政务"：数字政务时代"奇点"临近［R］. 2018.

［2］中国信息通信研究院．可信区块链推进计划．区块链白皮书（2018 年）［R］. 2018.

［3］岳乾．沦为政绩工程的 App 折射出政府机制的僵化［EB/OL］. 人民

网，http：//opinion. people. com. cn/n/2015/0324/c159301-26739905. html，2015.

作者简介

张奕卉：中国信息通信研究院云计算与大数据研究所大数据部工程师，可信区块链推进计划办公室副主任；主要从事区块链相关政策支撑、产业咨询、行业发展跟踪、标准和前沿技术研究工作，以及负责国际合作事务接洽。zhangyihui@ caict. ac. cn。

第十一章

区块链增强食品供应链透明度的应用实践

严志农　谢卓林

我们正处于一个飞速发展的时代，快速便捷的交通运输系统和方便应用的互联网，给我们的生活带来了巨大的变化。就食品的供应来说，不但有充足的食品保障我们的营养和健康，而且供应链的全球化也使我们享受到不同地域的多样化的风味。以比萨饼为例，一盘比萨饼有很多的原料，如面粉、莫扎里拉奶酪、西红柿酱、意大利香肠、菠萝、青椒和橄榄等，还有很多其他的调味品，它们来自全球不同的地方。作为零售商，我们要回答消费者所关心的基本问题：产品是从哪里来的？是如何生产和加工的？是如何到达商场的？商场又是如何去管理的？消费者尤其关心的是所购买的食品是不是安全。在复杂而又漫长的供应链中对这些问题给出明确的答案是不容易的。

食品安全事件在各个地方仍然在发生，这极大地影响了消费者对食品的信心。大家记忆犹新的2008年的三聚氰胺奶粉事件和2013年欧洲的马肉掺杂到牛肉里的丑闻，都是典型的食品掺假事件，是食品的真实性出了问题。还有常常发生的致病微生物造成的食源性疾病。2006年，在美国发生了“毒菠菜”事件，波及美国26个州，173人生病，2人死亡。这个食品安全事件是由大肠杆菌O157引起的。在当时，追溯致病菌到底是从什么地方来的，花了整整两个月的时间。我们可以想象两个月的时间，买到的菠菜已经基本上用完了，在这种情况下采取应对措施就已经晚了。假如那批菠菜能够准确及时找到，及时下架，就不会有更多的人受影响。另一个有影响的事件是2011年发生于欧洲的“毒豆芽”事件，当时造成4075人生病，908人得了尿毒症，波及欧洲16个国家。开始时，科学家认为是由西班牙的黄瓜引起的，从而造成了西班牙的黄瓜出口停止，但后来证明是由埃及的一个胡萝卜种子污染造成的。这个乌龙事件给西班牙的蔬菜种植农户造成了很大的损失，如果当时能够建立有效的追溯体系，问题就能及时准确查找出来。

以上的食品安全事件对消费者的信心造成了很大的影响。为了更好地做好产品追溯，增加供应链的各个环节上信息的真实性和透明度，人类一直在探索如何通过创新的高科技来实现这个目的。在2017年初，研究者把目光集中到区块链技术上，该技术的分布式记账、数据无法篡改的特性给研究人员带来了希望。

最初的试验是由中国与金锣公司合作完成的。试验人员把猪肉从养殖到屠宰、分割、包装、配送的整个过程的信息都上传到云端的区块链平台上。要查找农场的信息，按照过去传统的纸质方式，从门店到养殖户需要花26小时，现在通过区块链只需要约十秒钟。而且这些信息的真实性也得到保障和验证。这样的初步尝试给了试验人员极大的鼓舞。沃尔玛美国总部又在芒果的供应链追溯中做了进一步验证。芒果从墨西哥的农场经过各个渠道，通过海洋运送，再经历清洗、整理、分切等程序，最后运输到店面，这是一个漫长的过程。从阿肯色州西北部的一个门店开始追溯农户的信息，传统的方式下，需要6天18小时26分钟，用区块链追溯信息只需要2.2秒钟。通过在中国和美国的初步验证，研究人员有了信心，区块链给食品的追溯带了极大的便利，应该能给之前所面临的供应链的挑战提供一个良好的解决方案。

一、区块链技术的优势

区块链技术具有的不可篡改特性和唯一性，使得我们可以在供应链中应用区块链技术来确保数据记录翔实，由此提高生产者与消费者之间的信任度，进而提高消费者的购买意愿。

传统的食品经营模式是依托产业链上下游之间产生的关系展开的。食品供应链上的各环节之间大多分隔开来，只有前后直接关联的环节可以进行产品信息追溯，很难完成食品整体供应链信息追溯。零售行业新的趋势是人、货、场的重组，一切以消费者为核心，基于区块链技术的食品追溯平台打破了食品供应链上各环节之间的分隔，实现各环节上传的数据实时共享，更加符合以消费者为核心的未来行业发展趋势。同时，利用区块链技术的食品溯源可以提升食品安全事故的处理效率。

通过应用区块链技术，可以数字化地跟踪食品从供应商处到商品货架，再到消费者的生态系统，同时能够帮助实现快速精准的产品召回，并显著减少被污染产品的暴露时间以及降低导致疾病的可能性。伴随区块链技术及合作机制的广泛应用，从产品可追溯性与风险规避角度看，基于区块链技术的食品追溯体系将有效促进整个食品工业的供应链升级，有力提升供应链的透明度，促进食品安全与合规的健康发展，提高消费者的信任度。

基于区块链技术的去中心化特性，供应链中的各个环节的信息更新都将成为分布式账本的一部分，每个参与者将会收到更新后的记录。即使中间出现断网的情况，只要将设备重新连接上互联网，任何更新将同步到网络上。总体来说，区块链技术可以实现食品行业应用中的信息记录和质量控制的数字化和自动化。

二、沃尔玛关于区块链技术的实施方案

沃尔玛中国设计了一个有效的基于区块链的食品追溯系统，它包含了Web端和移动端双语应用。该系统适用于各类食品的供应商和生产工厂。每一个最小的产品销售单元都有一个唯一的二维码，最终实现终端消费者

可以在卖场通过扫描二维码查看到相关产品的信息，如产品规格、拣选时间、包装时间、检测报告、产地、发货时间、供应商简介、区块链交易ID等。通过数字平台，相关联的代码进入流通各环节，实现各方共享供应链数据，利用区块链去中心化、数据不可篡改的技术特征，进一步推动全供应链可视化及其高效管理，提升食品信息的透明度，保障食品数据真实性，提升消费者信任度。简言之，通过二维码，商家与消费者产生了良性互动，除了追溯信息，还提供了广阔的空间和可能性，为消费者数据的后期处理分析提供了接口，如图11-1所示。

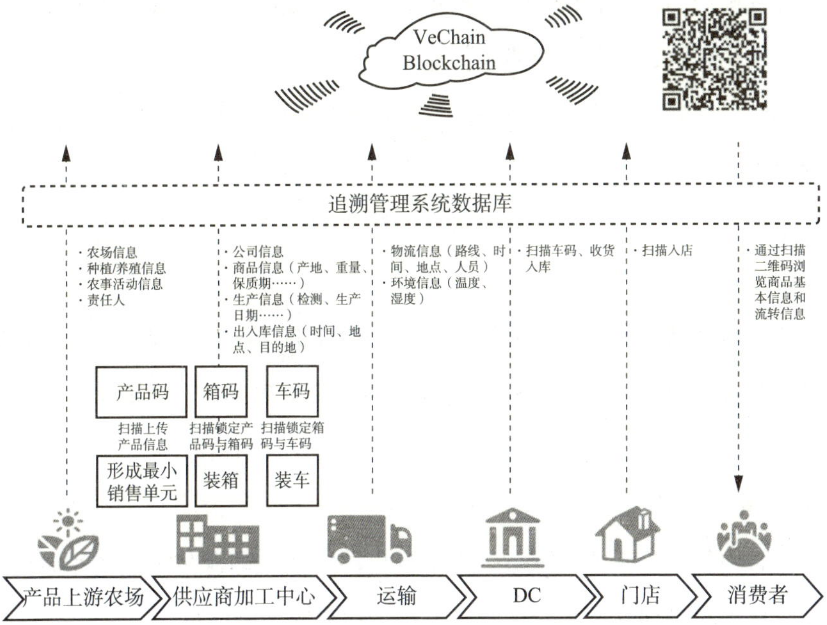

图11-1　沃尔玛的基于区块链的食品追溯系统

资料来源：沃尔玛安全协作中心内部资料。

方案细节如下。

供应商使用应用端和电脑端上传产品基本资料，包括原产地、生产信息、物流信息、检测报告等。

供应商一旦发货，则无权再对产品信息做任何修改。

系统中记录的“产地”由生产方使用应用端中的GPS定位功能自动上传，防止产地信息被篡改。

系统中记录的“出入库信息”由沃尔玛物流中心收货人员使用应用端中的GPS定位功能自动上传，防止货物接收地信息被篡改。

每个商品都有唯一的二维码（后台可以统计每个二维码的扫码频次及扫码时的地理位置信息），可有效防止造假。

产品通过产品码、箱码、车码进行多层次的绑定，可以按照最小运输单元实现准确的追溯。

当发现产品信息有误时，系统可以剔除该批次，扫码显示的页面将跳转至沃尔玛官网，以免出现错误信息，导致消费者投诉。

供应商发货时，在系统中可以选择指定的收货方，其他方无法扫描收货。

系统后台可以控制仅对外展示的部分追溯信息，其他信息可用于企业内部管理。

项目后台系统通过开放的接口可以与供应商系统进行对接，即供应商不用放弃自身原有的追溯平台，即可实现与沃尔玛系统的自动对接。（通过对接，可以整合供应商的生产信息与出厂后的物流信息，完成全链条追溯。）

同时项目后台系统可以与政府平台自动对接，即沃尔玛追溯平台的信息可以自动对接到政府平台，政府可以自动获取追溯信息。

三、展望

此项目自成立至今，在系统的完善方面集合了多方的资源和技术，并持续鼓励供应体系中的供应商参与，今后生鲜将会是整个供应链体系中的战略重点。从追溯体系的技术角度来看，沃尔玛的区块链技术能够无缝部署追溯性战略，实现前端供应信息及后端消费信息的及时传递，吸引更多的供应商参与进来，促进整个平台的效率提高。区块链是一个新技术，在食品追溯方面的应用还处于起步阶段，希望通过今后进一步的实践，使这个技术在食品领域里得到更多的关注和应用，从而增加产品的真实性和透明度，确保老百姓的食品安全，更加有效地增强消费者的信心。

作者简介

严志农：沃尔玛食品安全协作中心执行主任、食品微生物学专家、全球食品安全倡议中国区指导委员会副主席、中国连锁经营协会食品安全委员会专家顾问；业务专长包括对各类食源性风险因子在粮食、肉类、果蔬、休闲食品的生产和加工过程以及在零售和餐饮环节的发生、污染、溯源和控制的分析及提出整体解决方案；在食品加工设备以及生产和经营环境中的微生物的检验分析和监控以及控制方面有特别丰富的经验；发表论文共30余篇，拥有美国奥本大学植物病理学博士学位以及中国农业大学植物病理学学士和硕士学位；现任沃尔玛食品安全协作中心执行主任，带领团队在食品安全创新、食品安全教育、食品安全政策支持三大领域，通过与各方通力协作来共同推进中国食品安全的发展。

第十二章

应急物资供应链应用区块链技术的可行性研究

云 瑶 徐 军

自2003年非典疫情暴发以来，我国就开始着力建设应急管理体系，应急管理也逐渐受到了社会各界的广泛关注。如何推动应急管理现代化、高效化成为当前需要重点解决的问题。习近平总书记在中央政治局第十九次集体学习时指出，要适应科技信息化发展大势，以信息化推进应急管理现代化，提高监测预警能力、监管执法能力、辅助指挥决策能力、救援实战能力和社会动员能力。

2019年12月，新型冠状病毒肺炎疫情威胁了广大人民群众的生命安全，并造成了重大的财产损失。针对这一突发公共卫生事件，全国多个地区启动了一级应急响应。应急物资的储备和供应是应对重大疫情的关键，如何构建快速响应的应急物资供应链网络，保障应急物资及时交付，对于疫情的防控具有重要意义。2020年2月14日，中央全面深化改革委员会第十二次会议指出，健全统一的应急物资保障体系，把应急物资保障作为国家应急体系建设的重要内容，优化重要应急物资产能保障和区域布局；鼓励运用大数据、云计算、人工智能等数字技术进行疫情监测分析、病毒溯源、防控救治、资源调配等。

对此，本章首先分析了目前应急物资供应链存在的问题和短板；其次研究了区块链技术在应急物资供应链中的应用优势，在此基础上构建基于区块链，结合大数据、人工智能、物联网等新型技术的应急物资供应链新机制，以求实现各方信息高效汇总、应急物资精准投放、紧缺物资高效配置和调度，高水平辅助政府决策，提高公共安全事件响应处置的水平和能力，为提升国家应急物资保障能力，形成科学完备的国家应急管理体系提供重要参考。

一、应急物资供应链存在的问题

新型冠状病毒肺炎疫情是对我国重大疫情防控应急物资保障系统的巨大考验，也是对当前我国应对疫情能力的巨大挑战。我国政府和社会各界为此做出了巨大的努力，也付出了很大牺牲，疫情在很大程度上得到了抑制。然而在此次疫情防控中也存在着一些不容忽视的问题，如早期出现的医用设备、防护服、口罩等物资告急，大众防护及日常生活用品供应困难等问题。以上问题在一定程度上明确了我国重大疫情防控应急物资供应链的未来改进方向。本节结合新型冠状病毒肺炎疫情暴发以来的现实情况，对我国应急物资供应链存在的现实问题进行了总结。

（一）应急物资供应链系统非常复杂

第一，涉及地域较广。突发事件涉及的区域较广，物资需求量大，并非当地政府可以解决，需要上级政府乃至中央政府支持，中央政府也可能需要从别的地方政府处调拨物资。

第二，系统性强。突发事件应急物资保障是一个系统，在突发事件的预防、响应和恢复等各个环节中均有体现，战线较长，不可能一蹴而就。

第三，主体多元。突发事件应急物资保障内容涉及的主体较多，主要有各级政府、应急物资主管机关、各种企业、社会团体、慈善机构、个人等，每个主体发挥不同的保障作用。

第四，环节复杂。突发事件应急物资保障内容涉及应急物资从何而来、用于何处、具体分配等，包括物资需求、采购或受赠、库存管理、安全检查、配送、运输、验收等众多环节。

（二）应急物资供应效率有待提升

应急物资供应效率是决定应急物资能否快速精确供应的关键因素。在疫情早期发展过程中，应急物资供应效率不高的原因有三方面：第一，物资采购出现混乱；第二，供需匹配存在问题；第三，运输过程追溯困难。

疫情防控物资紧急采购由于要求高、任务急、时间紧，很容易造成紧急选择采购供应商过程的混乱或无序，由此带来若干问题。一方面，供应商的临时匹配往往容易造成供需不协调、系统对接不流畅等问题，从而导致缺货甚至断链；另一方面，在上下游的匹配过程中，耗费了大量时间和人力，将本来就稀缺的资源推向更为捉襟见肘的境地。

紧急采购供应商选择过程缺乏科学性，显然降低了采购效率，甚至滋生违法乱纪的现象。疫情早期应急物资供应效率不高，其根本原因在于缺乏实时的供给需求端数据，缺乏科学有效的系统模型支撑，因而不能较好地匹配现有的供需资源，这也是亟待完善的工作。

（三）应急物资分配信息不对称，时效性差

由于缺乏能实时呈现供需信息的平台来统筹应急物资，各方之间信息传递时效性较差甚至信息不对称，导致了应急物资供需不匹配。医院、个人、救助机构对应急物资各项需求信息与供给信息不能及时有效共享、对接和匹配。只有解决信息不对称的问题，参与应急救援的各方才能够有序高效地运作。

此类事件也从侧面反映了地方救灾团队、公益机构在物资的调配环节方面，时效性还有待提高。时效性不高的原因有两方面：一是相较于大量捐赠物资而言稀缺的人力，二是目前某些受捐赠机构物流专业化程度不高。毕竟，要保证应急物资调配具有较高的时效性，既需要统一的信息系统提供及时的需求端信息，也需要专业的物流工具来辅助完成。

（四）应急物资质量无法保证

疫情早期，口罩、消毒液、医用手套、防护服等防控急缺物资对专业性、安全性要求极高，然而各种制造兜售假冒伪劣防疫物资的现象时有发生。不合格的应急物资不仅不利于疫情防控，还会危害使用者的健康。因此，对应急物资，必须在生产、流通、分发等各个环节实施全链条、全流程监督，以保证应急物资的质量。

（五）应急物资捐赠信任透明问题

在疫情早期，社会各界捐赠的物资对抗击疫情起着举足轻重的作用，捐赠物资的存放、管理、分配必须做到透明、公开，然而承担着接受和分发捐赠物资工作的某地方机构在调配物资时却出现物资分发效率低下、信息发布不及时以及物资分配不公开、透明的问题，受到各界的质疑。

二、区块链技术在应急物资供应链中的应用优势

区块链作为一种新的应用模式，近年来已成为众多国家政府、企业和研究机构的关注热点，其所具有的分布式数据存储、点对点传播、共识机制、加密算法等优点能很好地运用于多方参与的应急物资管理，将所有参与方链接在一个网络结构下，并提供了一个可共享但不可篡改的分布式数据库，提高了突发事件应急物资管理的效率，增强了公开性与透明度。结合其特点，区块链技术在应急物资供应链领域的应用主要有以下几个方面的优势。

（一）去中心化

区块链技术的去中心化的分布式结构，能够使得在应急救援管理工作

中的各方实现点对点的通信，可以保证信息的及时传递和共享。通过将信息及时上链，利用区块链强大的信息共享能力，各项信息不需层层上报，提高了执行的效率，适应了应急物流的时效性要求。

（二）数据不可篡改

区块链技术的去中心化本质和加密算法，可以保证所有物资流通节点在全网传播，若某一节点数据被篡改，将无法与其他节点上的信息保持一致。将其用于应急物资的采购、配送、分发环节，将运输、仓储、分发等数据以全链路的方式进行存证，使得所有的流转信息可追溯，可有效杜绝假冒伪劣物资的出现。此外，将其用于物资捐赠环节，则捐赠方、公益组织和获赠方这三者之间的物资流动情况、捐赠物资所处环节、是否及时发放情况都将变得清晰明了。

（三）智能合约

智能合约是指在无法更改数据的基础上，预先将规则条款以代码形式写在区块链上，并在预先设定的条件满足后立即自动执行协议条款，减少了人工干预和手工文书工作，简化了流程，提高了执行的效率。即使没有中心机构的监督，合约也能准确有序地执行。可将智能合约运用于突发事件的监控预警、应急预案自动响应、供需快速匹配等方面，提高应急物流管理的效率。

三、建立“应急物资供应链+区块链”的新机制

2020 年 6 月 18 日，北京市人民政府办公厅印发《北京市区块链创新发展行动计划（2020—2022 年）》，提出“面向应急装备物资、救援资金等重点管理对象，推动区块链技术在行政执法、数据存证和追溯管

理等场景的应用”的工作要求，为区块链技术在应急物资管理方面的应用指明了新方向。建立“应急物资供应链+区块链”的新型机制，通过链上链下协同，新技术与传统供应链相结合，可更加切实地保障安全，提升效率。

（一）新机制可以加速疫情防控应急物资供应链系统的信息共享

当前的应急物资供应链各主体的信息管理系统彼此独立，形成各自的信息孤岛，想要共享物资信息，必须经双方协商同意之后方可进行，信息传输效率低下。在面对如传染性极强的新型冠状病毒肺炎疫情时，会延误应急救援的最佳时机，造成较为严重的损失。利用区块链的去中心化特点，促进各主体之间的协同，将各物资主体的信息系统连接起来，运用非对称加密技术保护信息数据的安全。在这种机制下，各物资主体将自身获取的信息通过区块链进行实时共享和相互交流，并将获取的实时信息进行汇总分析，进而能够快速准确地制订出较为完善的疫情防控应急物流方案。

（二）新机制可以实现应急物资供应链流转全程可追溯

区块链可以快速精准追溯应急物资的整个流程，确保物资正确配送，防止物资欺诈，使得物资质量保持最高标准。将区块链追溯技术应用到应急物资供应链中，可实现物资流转的每个步骤实时可见，主管机构可以快速识别出提供有缺陷物资的供应商，或者物资在哪个环节遭到损坏，有利于及早发现和解决问题。精准捐赠人可以通过二维码追踪其捐赠物资的配送是否正确，主管机构也可以通过这种方式发现地区或者部门之间是否出现对应急物资的截留现象。由于可以全程追踪物资流转，对利害相关部门进行事后审计和责任追究也成为现实。

（三）新机制可以提高应急物资供应链的运行效率

传统应急物资供应链的流程操作是各主体之间共同协作完成的，在此背景下，可能会存在反复沟通的问题，从而造成整体运行效率低下。利用架构在大数据与云计算技术上的区块链智能合约机制，能够赋予应急物资供应链不受疫情等外部条件影响的常规性操作权利，参照约定的标准流程自动执行。对受疫情影响大、须依靠相关专业技术人员主观决策的能动性操作的，则采取人机结合的操作方式。操作人员参考智能系统给出的操作预案，结合自身经验和疫情实际情况对预案进行优化，使其更具实用价值。在此机制下，物流主体之间不必进行反复沟通，省去了不必要的中间环节。

（四）区块链实现救援物资流通的透明与高效

区块链的分布式账本、去中心化使得物资流通更加透明与高效。物资的调度需要与专业的物流公司合作，引入区块链以保证物流信息的及时更新和发布。区块链的分布式账本打破了传统的单一机构主导的物流信息系统，使得应急管理相关的各部门和物资的供应方以及承载方能够加入区块链，成为区块链上的分布式节点。由于没有了中心的主导，区块链上的各个节点可以视为一个个小的“中心”，区块链上信息的存储与更新需要每个节点的参与，一个节点的信息发生变化就会立刻引起其他节点的信息的变化。进一步利用区块链的共识机制，使得只有各个节点共同认证同意之后，信息的更新才能完成。各方可以决定区块链上物流信息的存储与更新，使得即使有恶意节点出现，各节点也不会对错误的信息进行认证，就不会造成区块链上的信息被轻易篡改。与此同时，这样的做法实现了区块链上各节点对物流信息的监督，保证了物资调度信息的及时性和准确性。

（五）区块链保证救援物资和资金的安全性

区块链的非对称加密技术和智能合约有助于实现物资转运过程中资金交易的自动化与安全化。将物资的信息和相关人员的信息上链，通过区块链的非对称加密技术对这些信息加密，这其中涉及公钥和私钥。公钥是公开的，但是私钥掌握在专门职能人员手中，这就保证了只有真正需要这些信息的人才可以得到这些信息，而其他人员得不到这些信息。通过区块链的非对称加密技术，可以避免物资运输过程中配送人员伪造货物清单、签名造假等现象，保证物资安全送达物资接收者手中。其中，在物资流通中的支付环节，可以使用区块链的智能合约来保证，使利益相关的各方建立基于区块链的账户并连接形成网络，设计针对资金流动的算法。当物资流动的上游将物资交付给下游的时候，区块链可以自动执行货款的交付。这样的机制还可以进一步保证每一笔交易信息的真实性，且这些信息是不能篡改的，避免了道德风险的发生。物资流通的结算系统不需要中心化的主导机构，分布式账本使得任何一个节点出现问题都不会对整个系统造成太大的影响。综上所述，区块链避免了在物资交付的过程中出现拖账、赖账的情况，提高了交易的效率和业务连续性。

（六）新机制可以实现应急物资节点的多重监督

区块链可以对应急物资进行多重监督。首先，区块链秉承了“连接、共建、共治、共享”的理念，业务节点之间必然形成监督关系。其次，链上可以引入国家监督机构，见证链上物资流转的可靠性和公平性。最后，应急物资分配应该保证人民群众的知情权、参与权和监督权，这些权利可以通过将民众代表设置成为区块链节点而实现。针对捐赠等信息，可以实现开源式审查，每个人都可以通过区块链软件进行审查，最大程度保障人民群众的监督权。

四、小结

新型冠状病毒肺炎疫情是继“非典”之后我国经历的又一次重大的突发性公共卫生事件，充足的物资储备和供应是成功抗击疫情的重要基础。应急物资在重大疫情等突发公共卫生事件中发挥的作用日益重要，这就要求构建高水平的应急物资供应链体系。本章通过应急物资供应链与区块链的协同研究，构建基于疫情应对的应急物资供应链系统，将各物流主体连接起来，形成一个信息共享的有机整体，缓解了信息不对称问题，并借助智能合约机制，有效提升了应急物流系统的运行效率，实现了对应急物流供应链的高质量整合。

参考文献

［1］陈太，韦晗，倪卫红．基于疫情应对的应急物流系统与区块链协同构建研究［J］．无锡商业职业技术学院学报，2020，20（4）：8-12，81.

［2］邓秀琴，倪卫红，陈太．新冠疫情下基于区块链的应急物流和物资保障体系研究［J］．物流技术与应用，2020，25（10）：176-179.

［3］王延川．区块链赋能突发事件应急物资保障系统探析［J］．北京理工大学学报：社会科学版，2020，22（5）：126-133.

［4］李健，宋昱光，张文．区块链在突发事件应急管理中的应用研究［J］．经济与管理评论，2020，36（4）：5-16.

［5］李旭东，王耀球，王芳．突发公共卫生事件下基于区块链应用的应急物流完善研究［J］．当代经济管理，2020，42（4）：57-63.

［6］陈丽华，王璐，胡华清．重大疫情应急物资供应链公共服务体系建设思考［J］．物流技术，2020，39（6）：1-6.

［7］胡卿汉，何娟，董青．区块链架构下医用防疫紧急物资供应信息管理研究：以我国新型冠状病毒肺炎防疫物资定向捐赠为例［J］．卫生经济研究，2020，37（4）：10-14.

作者简介

云瑶：中国质量认证中心经营发展部工程师；曾就职于美团点评，有丰富的互联网从业经验；2017 年开始关注区块链，现主要从事区块链相关政策支撑、行业发展跟踪、前沿技术研究等工作；主要研究方向为区块链技术在检验认证、食品安全、绿色建材、畜牧业等方面的应用。

徐军：中国质量认证中心南京分中心主任，南德认证检测（中国）有限公司董事长，国创未来检测技术（江苏）有限公司董事长；曾任南京出入境检验检疫局机电化矿处副处长、江苏出入境检验检疫局认证监管处副处长、江苏出入境检验检疫局质量管理体系评审中心（中国质量认证中心江苏评审中心）主任；从事认证认可工作三十余年，具有丰富的实践和管理经验，是国家行业标准《出口扳手检验规程》《出口钳检验规程》《出口台式钻床检验规程》《出口锁具检验规程》《出口水泵检验规程》《出口机用木工钻检验规程》《出口电火花线切割机检验规程》《出口可移式电动工具型材切割机圆锯带锯三个检验规程》主要起草人；作为组长，完成原国家质检总局“小家电产品认证风险分析与控制研究”课题，该课题 2011 年被国家科技部按科技成果登记，2014 年被国家认监委评为优秀科研项目；作为副组长，开展了中国质量认证中心课题“应用区块链技术开展第三方评定的可行性研究”。

第十三章

区块链技术助力能源转型

朱轩彤

在当前绿色、低碳、可持续发展的背景下，全球能源系统正迎来根本性的变革。区块链技术提供了分布式记账、数据可追溯、隐私保护和智能合约等创新功能，与能源转型契合度较高。随着区块链技术崭露头角，全球出现了多种针对能源“产输售用”不同环节或全链条的区块链应用的尝试和探索，但大多数应用仍处于概念验证的初级阶段。未来，能源行业不仅可以凭借区块链技术提高生产效率，降低用能成本，而且可以将区块链技术与能源转型带来的新商业模式搭配，助力能源领域实现跨越式变革。

一、区块链技术顺应能源行业发展趋势

当前，能源发展越来越多地受到气候环境约束，绿色、低碳、可持续发展已成为不可逆转的发展趋势。新能源发电技术、分布式能源系统、碳排放追踪与“绿证”交易、电动汽车等有望实现规模化、低成本应用。能源领域的智能化、去中心化态势凸显，以新能源和信息技术深度融合为特征的能源革命正推动人类社会进入全新的能源体系[1]。

此外，在能源领域出现了交互式趋势，使得能源网络运营商和能源用户之间的单向关系正在发生变化。能源生产者（producer）和消费者（consumer）的界限正在变得模糊，颠覆了用户一直以来被动消费能源的习惯。例如，很多用户通过家庭太阳能光伏板或者电动汽车进行电能生产和存储，并进行销售，成为主动的能源产销者（prosumer）。

面对能源转型出现的新趋势，能源行业现在采用的数字化管理和交易

系统难以满足能源用户和监管方的需求。能源行业系统复杂，体量巨大，管理和交易请求越来越频繁和复杂，其生产、消费和流通全链条的数字化改造势不可挡。

区块链技术可以增加能源行业上下游多利益主体的相互信任，实现“源网荷储”互动，并促进降本增效，因此其应用在能源转型趋势下有很大的发展空间，有望创新性地应对能源行业面临的挑战，促进能源价值链重塑。

目前在能源行业，应用区块链技术尚处于早期阶段。一方面，区块链技术在近年来出现的能源低碳清洁化转型新背景下得到了较多应用，包括分布式可再生电力的点对点交易、电网辅助服务、电动汽车充电桩共享、可再生能源绿色证书追踪等，同时涌现了一大批发电企业、电网企业和区块链技术企业，积极尝试相关应用。另一方面，传统油气大公司选择了与区块链溯源可以紧密结合的石化大宗商品作为突破口，拥抱区块链技术。

二、区块链在能源系统的典型应用

能源行业应用区块链技术始于 2016 年。在短短几年间，区块链应用在全球进入了快车道，能源行业对其关注度越来越高，相关投资和应用也越来越多，出现了一些区块链技术在能源领域的典型应用案例。下面将选取几个有代表性的应用进行介绍，很多案例结合了多种应用方向。

（一）区块链在分布式能源交互系统中的应用

当前，能源供应的典型模式正在逐步由集中式向分布式和集中式相结合模式转变。分布式能源系统是直接面向用户，按用户的需求就地生产并供应能量，具有多种功能，可满足多重目标的中、小型能量转换利用系统[2]。分布式能源系统涉及可再生能源发电系统和天然气能源系统等，可以实现能源综合梯级利用，弥补大电网稳定性差的不足，且环境友好。

区块链技术采用了分布式账本，与分布式能源系统具有较强的耦合性，可以说区块链与分布式能源系统转型先天比较契合。从物理维度上看，分布式对等网络下的多主体参与能有效承接分布式能源接入对平行对等地位的需求，基于共识机制的分布式决策技术可为分布式设备的广域协调提供解决方案；从信息维度上看，分布式数据校验、记录和存储技术可有效满足能源互联网在数据真实可信、开放共享和安全可靠方面的需求；从价值维度上看，智能合约和非对称加密技术下的众筹融资、去第三方交易可分别对应能源互联网在商业模式和交易机制方面的创新需求[3]。使用区块链技术可以实现分布式能源系统各节点之间的实时可靠信息的共享和交互，有助于通过计量、记录、交易等环节实现分布式能源多能互补。预计不久的未来，区块链技术可以较大规模应用在分布式能源系统中。

全球能源行业中第一个有记录的分布式账本技术应用案例可追溯到2016年4月，当时美国纽约布鲁克林的居民尝试通过区块链平台进行太阳能电力交易。LO3 Energy公司通过微电网进行“隔墙售电”，允许用户通过区块链向其他人点对点购买或销售电力，不用经过公共电力公司就能完成电力交易。能源提供者在区块链网络上广播盈余电量及其持续时间的相关信息，其他用户根据能源需求进行自动响应。这样既可以降低能源使用成本，而且由于在交易过程中使用了区块链技术加密，可以保证用户和交易信息的机密性。

尽管普通消费者仍倾向于向传统电网企业购电而导致该项目最终未取得预期效果，但这个项目开创了能源与区块链技术结合的先河，是一次有益的尝试。目前，在全球范围内分布式能源交易方兴未艾。2019年，有一项研究调查了全球140多个能源领域区块链创新项目。研究结果发现，这些项目中最主要的应用方向是分布式能源交易，包括批发、零售和P2P能源贸易等，项目数量约占总数的1/3[4]。根据国家电网公司提供的信息，山东电力公司多个园区已开展相关试点应用，通过构建区块链分布式能源交易平台，实现了微电网内光伏、储能、风电、电网等不同主体之间的购售电交易，其中充电桩设计容量降低 57%，综合用电成本下降 7%，光伏收益增加 12%，减少了电网设备投资，提高了交易透明度，降低了能源交易成本[5]。

（二）区块链在电动汽车领域的应用

区块链在电动汽车领域的应用是比较丰富的，可以用于充电桩充卖电服务的计量、计费和结算以及充电桩共享等，还可以用基于区块链的移动即服务（Mobility as a Service，MaS）技术推动电动汽车与能源产业之间的融合。

一个很大胆的应用是将电动汽车作为一种储能解决方案，用户利用电价峰谷差进行套利。用户可以用自己的分布式能源生产系统（如户用太阳能光伏板）为电动汽车充电，或者在用电低谷时从电网购电充电，而在用电高峰时放电，将多余的能源售卖给电网和其他消费者。

IBM 公司和欧洲电网运营商 TenneT、Terna 和 Swissgrid 等公司合作开发 Equigy 区块链平台，电动汽车用户可以使用该平台出售多余的绿色能源，同时可以平衡当地的电力生产和消费，实现“削峰填谷”，减少区域内负载，缓解电网压力。这也是区块链技术应用于储能和能源需求侧管理的一个很好的案例。

（三）区块链在碳排放追踪与“绿证”交易中的应用

在应对气候变化的趋势下，为了保证能源生产和消费的绿色低碳，碳排放追踪与“绿证”交易市场应运而生。碳排放追踪涉及各个控排企业减排配额和减排凭证的数量和价格，对碳排放数据的真实性和透明度要求较高。苹果、Intel、谷歌等国际知名公司十分重视消费绿色电力，设定了 100%使用绿色电力的目标，它们并非直接采购可再生能源，而是购买专门衡量企业生产和使用可再生能源以提升环境水平的证明——“绿证”。

在此过程中，需要保证从生产端到消费端全链条的信息准确和对称，而传统追踪交易涉及环节较多，包括企业、政府监管部门、碳资产交易所、第三方核查和认证机构等，流程时间长。这些问题如今都可以运用区块链技术来解决，实现每吨碳以及每笔“绿证”交易信息的可追溯。区块链技术可以验证从能源生产和碳控排源头到终点提供的实时数据，上链共享记录，保证一个完整的“从哪里来、到哪里去和在哪里用”的追踪链条，不仅提高了时效性，也保证了准确性。目前，在全球已经出现多个相关应用案例，如中国南方电网公司在珠海开展了基于区块链技术的绿证交易平台试点。

除此之外，区块链技术可以将绿色资产进行通证化，通证化后绿色资产可以同绿色消费、绿色金融、植树等绿色能源应用场景打通，并利用智能合约进行自动计算和交易，促进资产流动。

（四）区块链在能源大宗商品交易中的应用

当前，大宗商品交易主要面临交易环节繁杂且不够透明、仓储物流环节信息不够准确、纸面工作多、耗费人力等痛点。以原油贸易为例，其中涉及进口商、出口商、银行、车船运输、保险公司、海关、商检等多类角色，涵盖签订合同、开立信用证、租船、报关、开具提单等 30 多个环节，需要多种岗位和多人进行上百次信息交换。此外，无论是合同签订，还是信用证开立，都需要对买卖双方的真实背景进行审查，审查周期漫长，对于买卖双方和银行来说，成本都很高。[5]

2017 年，BP 和壳牌等石油巨头提出“打造一个基于商品贸易的区块链数字平台”计划。2018 年，多家知名石油公司、贸易公司和银行共同成立区块链联盟（VAKT），进行北海原油交易。随后，雪佛龙、道达尔、信实工业集团等加入了该联盟。该联盟有效利用区块链技术整合市场参与者，简化传统对账业务流程，实现合同签署后的贸易流程全自动化，从长久以来使用的纸质交易模式加速转向更透明、更便捷的“电子”模式。虽然该联盟还没有消除中介（中间人），但是已经将企业从目前效率相对较低的贸易后环节中解放出来。

大宗商品因其交易流程长，容易存在虚假贸易、提单和仓单重复质押等商业欺诈行为，区块链技术可以为其提供较好的保障。在使用区块链技术登记、溯源、流转仓单的过程中，该联盟所有成员都可以看到上链的仓单抵押状态，并且可以通过智能合约使已被抵押的仓单不再具备流转的条件。整个系统实现信息互通，提高全贸易生命周期可信度，并创造更多融资机会。

三、能源区块链前景可期

从前述案例中可以看到，区块链技术已经涉及能源生产、传输、交易、消费等各个环节，不同环节应用间的扩展和相互连接已初具形态。未来，区块链技术在能源领域的应用具有广阔的市场空间，还可能使绿色能源与金融产品的创新相结合，并在保护电网免受网络攻击等方面发挥重要作用。

可以说，区块链不仅能帮助传统能源行业提高效率，而且为能源行业实现低碳清洁化转型提供了一种可以信任的治理机制。能源行业与区块链技术紧密结合，并围绕其进行相应的基础设施和生态建设将成为必然。能源与区块链的结合还面临以下几个主要挑战。

（1）作为一种新兴技术，区块链在能源领域的应用仍处于摸索和研究阶段，还没有开发出得到广泛应用的“爆款产品”，其发展也未必一帆风顺。未来可以重点关注将区块链技术与能源转型带来的新商业模式搭配使用，形成对能源转型有价值的应用。

（2）区块链技术需要与物理世界建立链接，只有实现能源价值网络参与主体的物联化和智能化，才能推动数字系统与能源系统的进一步融合。

如何建立适应分布式能源系统的智能电表等交互基础设施体系和以区块链、物联网等技术为主体的数字交互机制，将成为未来能源行业的一个关键课题。

（3）能源是国家的基础产业，各国均对其实施强监管措施，实施能源项目需要取得资质、牌照等。未来，区块链技术可能改变能源交易的基础规则，破除买家和卖家之间的界限，而与之相应的能源治理规则还未完全建立，这将制约区块链与能源行业的结合。

能源系统转型变革正处于关键时期，面临着前所未有的机遇和挑战，必须统筹协调现有能源产业转型升级和智慧能源系统建设。如果能够很好地解决以上挑战，那么区块链技术将可以助力能源转型实现跨越式发展。

虽然受新冠肺炎疫情影响，全球经济衰退，能源需求受到很大的负面影响，电力和油气等领域投资不足，但是预计能源公司不会轻易放弃区块链技术，仍将继续推动区块链技术在能源领域的应用发展，使能源流与数据流更紧密地有机结合，创造价值。

参考文献

［1］国家能源局局长章建华在“中国能源发展高层论坛”上的讲话．https：//m. sohu. com/a/338571655_ 418320，2019-9-4.

［2］分布式能源系统知识大全．https：//www. sohu. com/a/165504757_ 174505，2017.

［3］能源区块链技术概述与典型应用案例分析．http：//www. 360doc. com/content/19/0325/08/16619343_ 823964904. shtml，2019-3-25.

［4］M. Andoni et al. Blockchain technology in the energy sector：A systematic review of challenges and opportunities［J］. Renewable and Sustainable Energy Reviews，100（2019）：143-174.

［5］国家电网公布能源电力行业十大区块链应用场景［EB/OL］. https://www. sohu. com/a/361840797_ 100275118，2019-12-21.

作者简介

朱轩彤：清华大学硕士，中国社会科学院数量与技术经济系博士生，在政府、企业和国际组织有丰富的工作经验；重点研究区块链技术及其对经济的影响，出版多部区块链技术专著和译著，发表多篇区块链经济研究论文。

第十四章

区块链在司法领域的应用场景

王　凯

一、区块链技术+生道执行

2020年，《最高人民法院关于在执行工作中进一步强化善意文明执行理念的意见》中要求充分用好执行和解及破产重整等制度，要在依法采取执行措施的同时，妥善把握执行时机、讲究执行策略、注意执行方法。对资金链暂时断裂，但仍有发展潜力、存在救治可能的企业，可以通过和解分期履行、兼并重组、引入第三方资金等方式盘活企业资产。“欲判其死，先求其生”，在执行涉案企业时，对除“僵尸企业”以外的那些有希望、有发展前景、有再生产能力的企业，应将其从中移除失信名单，重新恢复生产、恢复日常经营活动。

2020年，由于疫情对经营环境的负面影响，许多中小微企业被动地陷入了债务纠纷而无法顺利复工复产。为深入贯彻习近平总书记关于统筹推进新冠肺炎疫情防控和经济社会发展工作的重要指示精神，充分利用科技信息化的优势，推进涉疫情矛盾纠纷及时妥善处理，助力困难企业自救，采用“生道”理念的执行方式，将为有再生产能力的企业的经营发展营造宽松有序的司法环境。

在过往的执行案件中，双方当事人为确定还款方案要多次沟通；法官要进行现场核查，确定被执行企业的还款能力；最终双方达成一致、签订协议；执行还款过程中，法院要定期确认还款情况，或收取还款进行转交，并更新执行状态；约定未履行的，还涉及执行方案的调整。

在这个过程中我们看到了一些存在的问题：首先，双方当事人因失去信任，缺少数据和舆情分析，导致执行方案很难达成一致。其次，流程中需要进行调查、记录，占用了执行法官大量的时间。再次，执行法官对被执行企业的经营情况调查渠道单一，缺乏数据支撑。另外，过往的执行方案缺少汇聚共享的渠道，主要靠法官个人经验解决问题。最后，涉及多原告和集体诉讼时，只能通过会议等方式通知执行进度，在执行流程公开上缺少信息化支撑。

“生道执行”结合区块链技术的去中心化、哈希嵌套链式存储结构、分布式节点数据校验、数字签名身份认证功能，保证平台中企业数据安全、个人隐私可保护、数据信息防篡改、有效数据可追溯，将参与“生道执行”企业的全程数据信息，包括被执行企业定期上报的经营情况、还款情况、委托律师核查被执行企业的情况等信息实时上链。

被执行企业“生道执行”期间，平台动态监管链上信息。同时，债权方（原告）可通过平台实时了解链上信息内容，掌握被执行企业“生道执行”案件详情。若被执行企业出现未按时申报或未按照约定还款的情况，平台将及时给法官发送预警信息，法官根据预警信息，对恶意欠款的企业会立即将其被监管的资产进行保全。链上监管确保各方合法权益不受侵犯，实现“生道执行”全程信息可公开、可溯源、可信任，信任共享。“生道执行”平台对执行过程进行区块链固化，对关键节点存证溯源，形成“有证可查”、失信企业“生钱可还”的良性循环。

二、区块链技术+执行查封

2020 年 3 月 14 日，最高人民法院在官方微信号上发布了一条新闻，广东省湛江市赤坎区人民法院启用“电子封条”查处一处涉案房产，这也是湛江法院首次使用“电子封条”。“电子封条”外观醒目，明确告示“法院查封”“严禁破坏”。

传统的纸质封条结构过于简单，容易被暴力破坏，因而需要配备监督人员定期巡查，同时缺乏配套的监测、预警系统，在纸质封条被破坏后无法自行报警，使得查封资产的安全性难以得到可靠保障。

随着信息化技术的不断发展，被执行人规避执行的手段也多元化，需要查封的资产类型越来越多样，对此，区块链查封管理平台提供了各个场景的区块链电子封条设备进行资产查封，逐步建立全场景覆盖的居住房屋、商业用房、机动车、机械设备、车位等多种资产查封形式的网络化、可视化、自动化执行查封管理体系。

对非法破坏查封资产的行为进行多级预警、宣教并实时拍照、录像取证，利用区块链技术对监管财产的非法进入、破坏、转移等行为的图像与视频进行固化取证，形成条目完备、结构简明、方便适用的监管查封资产证据链清单，便于执行法官和当事人第一时间知悉查封资产有被破坏的可能，从而能够快速应对并依法有效地精准打击违法破坏行为；各个法院的查封设备也能够全省联动共享，远程巡检、无人值守，形成全省三级法院上下联动的区块链查封管理平台。

三、区块链技术+司法存证

随着电子科技和移动网络应用的迅猛发展，电子贸易、网上支付、电子合同协议及其他数字化信息不断增长，人们的生活进入了数字化的虚拟网络空间，电子数据已经成为记录某一事件的重要载体。科技为人们的生活、工作带来便利的同时，也由此滋生出许多社会问题。法院在审判实践中遇到新型电子证据的案件也日趋增多，比如网络借贷纠纷，网络购物纠纷，道路交通管理及事故纠纷，网络文章、图片、视频的知识产权侵权等纠纷。这些纠纷的产生与电子数据紧密地联系在一起，因此，电子数据作为法定证据种类，是还原事实、解决纠纷的有力武器。

电子数据作为证据，能够证明相关事实，一旦发生纠纷，相关的电子数据就成为佐证事实的证据。但电子证据在过往的司法实践中并未形成统一认识，主要原因是电子证据存在取证难、易篡改、难管理、不易保存、不易呈现等问题，造成电子证据的真实性和完整性无法证实。人民法院审判中，双方当事人容易就电子证据的效力产生争议，法官也在认定电子证据的有效性上缺乏依据。

2018 年 9 月，最高人民法院公布了《最高人民法院关于互联网法院审理案件若干问题的规定》，为电子数据的真实性审查提供了参考，并且明确了通过电子签名、可信时间戳、哈希值校验、区块链等证据收集、固定和防篡改的技术手段可证明证据的真实性。因此，解决电子数据在人民法院审判中的难题要从源头抓起，建立权威的电子证据平台是保障电子证据有效性的必要手段。从纠纷发生时对电子证据的获取、保全，防止证据丢失，确保证据的原始性，避免证据被篡改，延伸到法院审判过程中依据采集的证据为当事人提供诉讼决策支持，对证据的准确认定提供帮助。

司法电子证据云平台是一个基于区块链技术的司法联盟链平台，针对传统取证方式表现出的成本高、效率低、真实性难以保证等痛点，实现了电子证据可信存证、高效验证，从而降低了当事人的维权成本，提升了法官对于电子证据的采信率。司法电子证据云平台将电子证据的关键要素信息通过区块链固定下来。区块链具有的分布式、中心化无法修改的特性，可以保证在未来任意时间都可通过区块链对电子证据的原始性、完整性进行查验。

（一）共识算法

共识算法是区块链的基础，越多越分散的参与者达成共识，其满意度越高，因此也越稳定。因此共识算法是区块链网络环境中构建信任的基础。

共识算法包含 DPOS、PBFT 等算法，在应用中可以使用单一或是由多种不同的共识算法组成的混合共识方式。采用的共识算法需经过权威机构认证，目的是体现区块链的公平性。共识算法需充分地体现出其公平、公正性，它通过策略设置，保证不会使节点成为中心化模式下的相对固定交易发起节点。

（二）签名验签算法

签名是在区块链上对数据行为归属的有效确认手段，每个机构、用户、设备都有其唯一的专属私钥，通过私钥进行签名后的数据被认定为通过特定的机构、设备、用户所发起，具有不可抵赖的作用。同时，签名算法保证了数据的完整性，即数据被篡改后数据签名则不能通过验证，将被认定为非法数据而不予采信。

签名可以根据应用场景的不同，采用多层机构的签名方式保证数据在写入、传输、存储环节的完整性、不可抵赖性、不可篡改性。即客户端发送数据的时候完成签名，接收数据的节点会首先验证一次，通过验证之后才会进入广播，成为区块时再校验一次。

签名应采用被《中华人民共和国电子签名法》所认定的算法，保障基础算法的可靠性。

（三）数据加解密

数据加解密的目的是保证数据在传输、存储中的安全性。可以采用非对称的、对称的可逆加密方式处理数据，这样既能够达到隐私保护目的，又能够将数据进行复原。

加解密算法可支持：①sha256 和 sm3 摘要算法；②ed25519 和 sm2 签名算法；③cfca 证书签名算法。

加解密是司法存证对数据隐私保护的重要支撑，应用在数据的传输、存储环节。

（四）P2P 通信

节点间的通信采用 P2P（点对点）技术，是各节点数据同步的基础保障。鉴于实际应用环境下，P2P 通信在保证域内网络环境下数据传输的稳定性的前提下，还必须保证在跨域网络环境下数据传输的稳定性，从而完成不同域下各节点的数据交互操作。

（五）节点分类

不同于其他应用，司法存证应用中不仅需要有参与共识的节点，还需要有更多的用户数据验证的验证节点，从而降低系统的压力。节点是联盟中各参与机构为了提交数据而必须设置的。验证节点可以根据业务需求自主设置，从而满足边缘计算快速访问的需求。验证节点同步记账节点数据，从而保证所有节点数据的一致性。

司法电子证据云平台可有效解决互联网背景下电子证据证取证难、采信难、维权难等问题，可帮助当事人证明电子证据的有效性，以及分析电子证据，为诉讼提供决策支持；另外，可为人民法院解决电子证据有效性判定的难题，大力提升公众对法院诉讼服务的满意度，提高法院公信力。

作者简介

王凯：中经天平司法鉴定中心副主任，中国信息协会法律分会副主任，两高一部司法专项课题负责人之一，司法电子证据云平台创建人之一；从事司法信息化工作十余年，对司法诉讼流程中的核心痛点有着深刻的认识和独到见解；目前为两高一部专项课题负责人之一，主要解决司法诉讼举证过程中电子证据合规核验标准等方面的问题。

第十五章

企业如何选择适合的区块链技术平台

董　宁　谢文杰

区块链底层的开发成本较高，从零开始构建一个基于区块链的应用程序很复杂且经济性不佳。因此，更多区块链初学者通过使用一些开源技术来入门，而大多数企业倾向于选择使用区块链技术平台，在其上结合自己的业务进行二次开发，构建区块链应用程序。

在实际业务场景中，企业究竟应该如何选择适合自己的区块链技术平台呢？这对大多数企业来说是个比较困扰的问题，尤其是对于那些对区块链了解较少甚至并不了解的企业来说，更加无从下手。在进行区块链技术平台选择时，可能会考虑很多因素，例如：

（1）活跃度：平台有多活跃？

（2）去中心化类型：平台使用的是公有链、联盟链或私有链？

（3）语言：平台 SDK 支持的编程语言是什么？

（4）共识算法：平台使用什么共识算法？

（5）智能合约：平台是否支持智能合约功能？

（6）业务复杂度：平台是否支持跨行业操作？

（7）平台性能：平台的可伸缩性和吞吐量如何？

（8）成本核算：平台建设总体拥有成本（TCO）是多少？

（9）技术支持：平台是否有专家团队提供技术支持？

（10）业务支持：平台未来对业务需求的友好性和支持程度如何？

还有很多因素可以纳入考虑范畴，但是在作出商业决策之前，需要考虑的最重要的因素不宜过于分散，否则会模糊决策重点。

如图 15-1 所示是我们在深入研究了众多主流区块链平台并在实践中

形成的一个总结，在企业选择平台的过程中会经常用到。我们将尝试从业务需要的去中心化程度和业务领域的复杂度两个维度，帮助企业分析并快速选择自己所需的区块链技术平台。

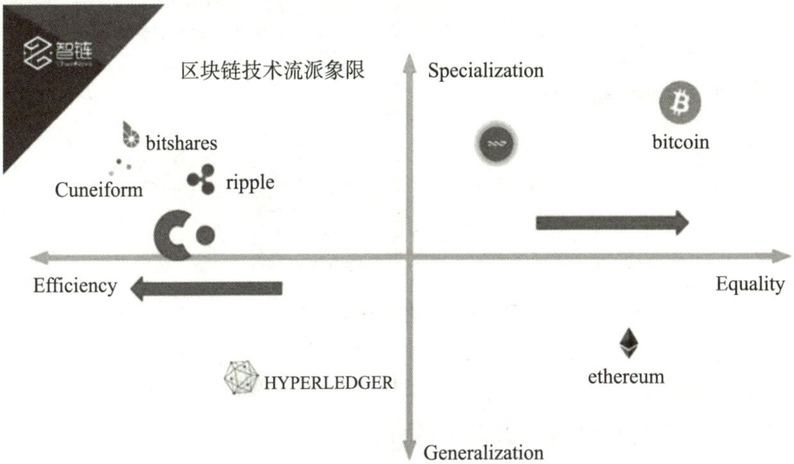

图 15-1　主流区块链平台一览

资料来源：作者绘制。

一、业务需要的去中心化程度

（一）技术上的去中心化

去中心化程度在一定条件下必然影响效率，会同时体现在吞吐率和延迟两个方面。因此，企业在选择区块链平台时，首先需要考虑去中心化程度。如图 15-2 所示，去中心化程度在象限图中以横轴体现，左侧显示的是平台系统效率，右侧显示的是各方的公平性。越靠右的平台越趋于完全去中心化，同时效率较低。越靠左的平台越趋于完全中心化，同时效率相对较高。

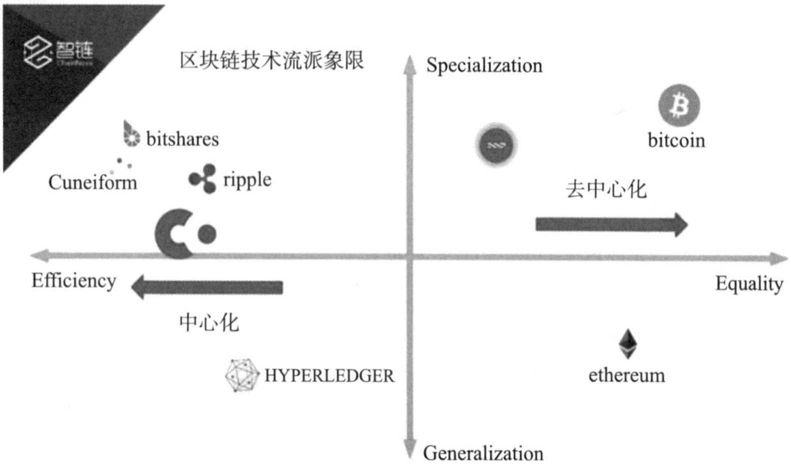

图 15-2　去中心化情况

资料来源：作者绘制。

考虑去中心化程度时，有以下两种情况。

（1）如果你的业务模式里并不存在若干个具有强公信力且任意两个之间都没有控制力的主体，此时建议选择完全去中心化的平台。

（2）业务模式里有多个主体，彼此间不存在控制的情况，主体能够提供一定的公信力并有意愿和能力部署相同的平台，此时可以选择部分去中心化的平台，也可以选择完全去中心化的平台。

按照去中心化程度或者说访问权限的开放程度，区块链可以划分为三种类型：公有链（Public Blockchain）、联盟链（Consortium Blockchain）、私有链（Private Blockchain）。一般来说，去中心化程度越高，信任和安全程度越高，但是交易效率越低。

（二）业务上的多中心——联盟链

在这里可以从业务迭代速度的角度来作进一步选择。以数字货币为例，完全去中心化的网络上，一项升级可能需要耗费数月才能达成。如果需要快速迭代业务，此时最好选择联盟链有限节点的平台，比如金融类应用场景。如果对业务迭代的速度要求并不太高，但是需要提供更公平的信任背书，此时可以选择去中心化的技术平台，比如商户积分。此外，对迭代速度要求极高，业务模式里其他主体并不存在信任问题，有可能只需要其他主体确认数据历史的不可篡改特性，此时可以选择中心化的平台（如数据库），也可选择联盟链的平台来换取足够的性能。

从目前的实践经验来看，联盟链是比较适合各类企业使用的平台。联盟链属于半开放式平台，是介于公有链和私有链之间的区块链，可实现“多中心化”，以解决联盟中多个参与方之间进行交互涉及的信任问题。联盟链的各个节点通常有与之对应的实体机构组织，通过授权后才能加入或退出网络。有了适度的准入机制，可以避免参与者层次参差不齐导致的一些问题，网络故障可以迅速通过干预来修复，提高了交易性能，还可以提供更好的隐私保护。由于联盟链具有安全性和创新性比较均衡的特点，成本较低、效率较高，因此目前被认为是最有潜力的区块链应用模式。

（三）典型技术平台和典型应用

联盟链的代表性技术平台是超级账本（Hyperledger），这是 Linux 基金会于 2015 年发起的推进区块链数字技术和分布式账本技术的开源项目。由于点对点网络的特性，分布式账本技术是完全共享、透明和去中心化的，故非常适合于在金融行业的应用，以及其他的如制造、银行、保险、物联网等行业。超级账本的成立是为了建立一个开源的企业级区块链技术平台，可以让开发者们专注地构建强大的、针对特定行业的技术平台以及软硬件系统，从而提高用于记录和验证交易的区块链技术水平。根据“超级账本”官网显示，目前该组织的会员单位已经有近 300 家，其中有百度、英特尔、思科、华为、招商银行、民生银行、北京大学等。

超级账本孵化了多达 15 种区块链技术，包括分布式账本框架（区块链技术框架）、智能合约引擎、用户数据库、图形界面等。其中知名度最高、应用范围最广的是 Hyperledger Fabric 子项目，它在银行、产业金融、健康医疗、IT 服务、供应链溯源、航运物流等领域都有应用。除了提供区块链开源技术支持外，“超级账本”作为一个行业协会型组织，还为企业、从业者或爱好者提供技术学习社区、培训、案例展示等一系列共享信息服务，帮助区块链产业发展正向循环。

超级账本在各行各业的落地实践案例有很多。从 2017 年开始，航运巨头马士基进行了多次跨境贸易供应链中的区块链尝试，并与 IBM 合作成立了一家区块链相关的合资公司，应用了超级账本的共识机制。以区块链方式解决供应链领域的问题，需要将各环节的参与者都搬到链上去（图 15-3），这依托于参与各方的高度认同，愿意共同加入区块链的建构之中，目前各家都在试着基于区块链建立自己的联盟，拉入更多的参与者。这家合资公司致力于帮助参与全球供应链中的托运人、港口、海关、银行和其他利益相关者追踪货运，并用防篡改的数字记录取代相关的书面记录。

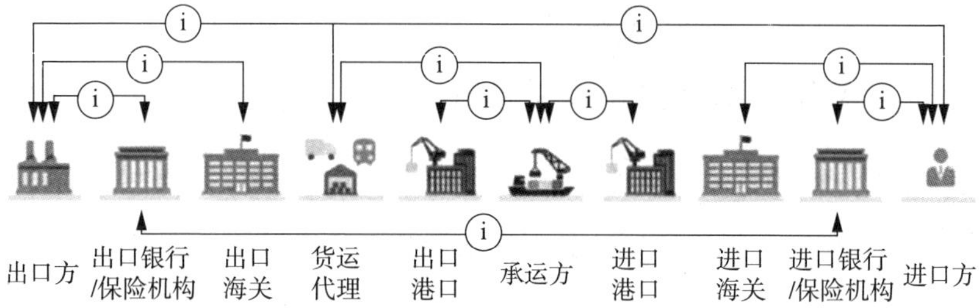

图 15-3　传统航运所涉及节点示意图

资料来源：作者绘制。

相应地，也有越来越多的应用案例发生在我国。针对航运产业存在的很多问题，我国中远海运集团通过深度分析应用场景和市场需求，打造以区块链技术为支撑的智能航运和交通物流解决方案，以符合我国国情的本土化需求，落地智能航运解决方案，促进我国国际贸易发展，实现智能航运的国际化接轨。

二、业务领域的复杂度

（一）技术上通用性和专用性的趋势

复杂度决定了对区块链平台通用性的需求，如图 15-4 所示，业务复杂度在象限图中以纵轴体现，上方显示的是专用性，下方显示的是通用性。越靠上的平台越趋于专用化，复杂程度较低。越靠下的平台越趋于通用化，复杂程度较高。一般来说，越通用的平台系统意味着系统开销越大，开发门槛也越高。因此，我们需要根据业务的实际复杂情况选择通用性最适合的平台。

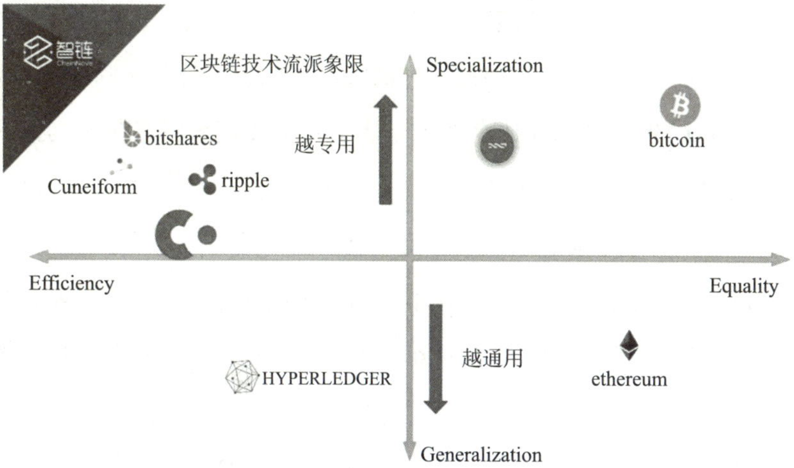

图 15-4　区块链平台通用性象限图

资料来源：作者绘制。

业务复杂度主要从以下两方面考虑：一方面是业务的逻辑复杂度，包括种类数量和单个逻辑的实现复杂度，另一方面是业务逻辑的迭代周期。这里优先要考虑的是迭代周期。通用的区块链平台在业务逻辑频繁增减变化时能够大幅降低开发及部署的成本。但是，如果企业业务逻辑非常稳定，通用平台的成本优势就会变成劣势，同时专用平台有更好的效率表现。然后是业务的逻辑复杂度，如果业务的单个逻辑实现可以控制复杂度，那么可以在可选范围内选择更通用的区块链平台；如果业务种类较多或者单个逻辑会非常复杂，则可以选择更专用的平台，以降低开发成本。

（二）典型技术平台和典型案例

PeerNova 是一家坐落于硅谷的高科技公司，它结合大数据和区块链技术，致力于为大型金融机构提供全面的解决方案，主要用于内外部审计、法律合规性、多平台与中/后台运作之间的数据校正。由于金融部门对金融透明度与稳定性要求日益提高，相关法律法规持续出台，当今的大型金融机构承受了来自强监管、高合规成本的压力。一些大型金融机构拥有超过一万名甚至两万名员工的审计和合规团队。然而，由于合规和法规的复杂性及其不断演变的性质，即使这样的大型团队也不能保证做到100%合规。PeerNova 的 Cuneiform 技术平台专注于基于数理来回答非常具体的审计、合规性和法规等相关问题。

Cuneiform 平台将数据存储在专有专利未决格式中，可用于维护数据的完整性以及进行事件追踪，让企业不仅知道正确的数据是什么，而且知道是什么事件产生了这些数据，保证了证券交易、审计、对账及合规中数据的不变性和完整性。

在区块链技术平台中，Cuneiform 平台主要聚焦能够实时使用不可变分类账和数据库进行多资产及多方交易。区块链的传统应用包括去中心化账本、分布式共识协议及匿名用户。而 Cuneiform 平台的可扩展解决方案是为商业用途构建的，可保证金融账本中相同类型数据的完整性和不变性，而无须对账本，实现去中心化或允许匿名用户参与。

1. 定锚

定锚可以在无须共识和挖掘机制的情况下，实现数据的不变性。此技术更简单、易操作、成本低。与公共比特币区块链不同，此技术不需要共享任何数据，但是，某些签名需要在各方之间共享，这需要在彼此之间建立信任。

2. 选择性信息共享

银行和审计方之间的一个关键问题是在仅共享子集（相关）信息的前提下保证信息的有效性，即如何在仅共享一个数据子集的同时保证其有效性。通过发送者发送数据的相关子集以及其余数据的签名来实现对整个数据的验证。

3. 业务逻辑回放

为了验证过去的信息，我们不仅需要获取已验证的数据，还必须有确切的算法和当时的全过程数据。Cuneiform 不仅可以以不变的形式存储数据，还可以以这种形式存储业务逻辑，因此，当过去的数据在过去的业务逻辑中产生时，就会产生完全相同的答案，因为该系统在过去已经产生过了。

这些技术使得 Cuneiform 成为专注于金融行业的区块链平台，能够解决全球金融机构面临的最严格的审计、合规及监管问题。

三、企业级区块链平台选型策略

随着区块链技术的发展和应用场景的多样化，陆续涌现出更多的技术底层平台和区块链服务平台。当然，从企业角度来看，最好能够采用高效、低成本的区块链业务平台，打造良好的业务生态体系。

目前从知名度和应用广泛性来看，Linux 基金会的超级账本 Hyperledger Fabric 和以太坊 Etherum 两个底层平台是用户最多的开源项目。以太坊是一个包含图灵完备虚拟机的区块链开发平台。它的最大特点是智能合约（smart contract）配合友好的界面，外加一些额外的支持，可以让用户基于合约搭建各种千变万化的DApp应用。当然，智能合约不是以太坊独有的，超级账本中也可以部署智能合约，只不过在Fabric项目中智能合约被称为链码(chaincode)。以太坊因为主要应用于公有链，因此受到过多次攻击，出现过一些较大漏洞，不过整体来说其生态系统仍然比较强大，同时迭代周期比较短，当然对于企业级商业应用来说，频繁的迭代升级会带来较大的维护成本。

我国也有部分自研平台，多数也是参考或兼容上述两个平台的。同时，针对某些场景的专用性区块链技术平台越来越多，这些平台在特定应用场景内落地具有比较明显的优势，因此，更容易融入业务网络并加以推广。

如图15-5所示是我们总结的一个企业级区块链技术平台的基础要素。之前的内容主要从技术的角度去分析区块链平台的适用性，但其实从图15-5中不难看出，如果考虑赋能行业降本增效，或利用区块链技术重构商业网络从而进行业务创新，则应该更多地从产业端去考虑技术应用并进行顶层设计，进而避免“拿着锤子找钉子”的现象发生。

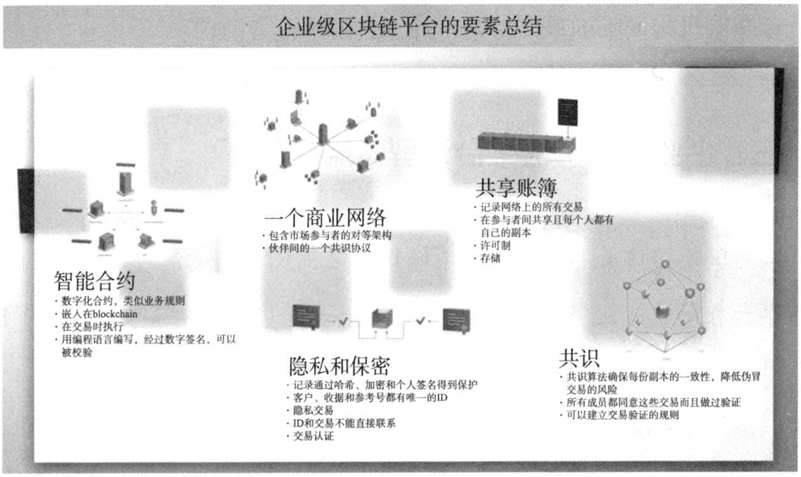

图15-5 企业级区块链技术平台的基础要素

资料来源：作者绘制。

作者简介

董宁：中国移动研究院区块链研发中心负责人，北京大学新一代信息技术研究院金融科技中心负责人，中国互联网协会区块链工委会副秘书长，中国工信部“可信区块链推进计划”副理事长兼标准制定委员会顾问，国际电信联盟（ITU）分布式账本技术焦点组 Champion，开源项目 Hyperledger（超级账本）技术大使；曾任 IBM 亚太区 IT 经济学高级顾问、IBM 中国实验室区块链业务负责人；前智链万源（北京）数字科技有限公司 CEO。

谢文杰：智链万源（北京）数字科技有限公司 CTO。

第十六章

发展区块链技术对推动数字化社会及疫情应对的价值

董　宁　徐少山

一、习近平总书记在区块链方面的重要指示

习近平总书记于2019年10月发表的关于加快推动区块链产业创新发展的重要讲话，高瞻远瞩、内涵丰富、立意深远，适应时代要求，着眼长远发展，具有很强的指导性、战略性和前瞻性。

区块链是一种将数据区块根据时间戳以链式相连，并以密码学方式保证不可篡改和不可伪造的分布式账本。目前，区块链技术作为一种新兴的信息技术，在政务和产业中的多个领域已有应用，包括数字金融等。2019年，美国互联网社交平台Facebook（脸书）发布的新型支付平台Libra白皮书备受关注，其CEO马克·扎克伯格在出席美国国会听证会时指出，Libra项目基于区块链技术，未来希望世界上多个国家可以采用。同时，如果中国在区块链发展上取得先机，Libra项目可能会遇到挑战。这也表明全球主要国家都在加快布局区块链发展，而我国已在该领域拥有良好的基础。在讲话中，习近平总书记指出，当下我国发展区块链的两项核心任务：一是要加快推动区块链技术和产业创新发展；二是要积极推进区块链和经济社会融合发展。这就为当下应对国际挑战，自主创新，建立国际标准指明了方向，区块链也将成为数字化社会的基础设施和推动力。

关于加快推动区块链技术和产业创新发展，习近平总书记提出了三个指导方向和六项部署。三个指导方向包括：以核心技术自主创新为突破；明确主攻方向；加大投入力度。六项部署是强化区块链技术基础研究；推动协同攻关；加强区块链标准化研究；发挥市场优势，打通创新链、应用链、价值

链；构建区块链产业生态，加快区块链和人工智能、大数据、物联网等前沿信息技术的深度融合；加强人才队伍建设。当前，我国很多组织都在研究和应用区块链技术，包括像国家电网、中远海运、中国移动这样的大型企事业单位。为保证信息的安全，更要下大力气建立自主可控的平台。同时，在技术和业务实践过程中，行业内能够逐渐形成标准并加以推广。随着产业应用的推广，全球各个国家不仅非常重视技术标准、专利及其他知识产权，更为重视区块链在各个领域应用标准的价值和意义。因此，区块链技术在产业落地过程中，需要更多的企业参与行业应用标准化研究，进而形成国家和国际标准，提升我国在该领域的国际话语权和规则制定权。

在积极推进区块链和经济社会融合发展方面，习近平总书记主要列举了五大特性和六大类场景：促进数据共享、优化业务流程、降低运营成本、提升协同效率、建设可信体系等五大区块链应用与实体经济融合；希望全社会在产业金融、数字经济、民生、智慧城市、城市间信息互联互通、政务数据共享六大类应用场景最大化地发挥区块链的技术优势。以区块链为代表的分布式技术与之前的技术相比，具备数据安全、分布式账本、多方共识等诸多优势，有助于打通产业链上下游的数据通道，分散集中式数据平台的风险，从而重建行业信任机制。食品安全需要信任，中小企业向银行贷款融资需要信任，产业链核心企业和供应商需要信任，政府和企业、民众间共建数据共享服务平台也需要信任。区块链技术强化的信任是当今构建高效、透明的营商环境的基础，而区块链带来的公信、公平、公正、公开也有助于构建和谐社会。

二、疫情对公共信用的挑战

专家曾预判，突降的新冠疫情对于2020年上半年乃至全年经济影响会比较大，尤其对全国产业短期注意力偏移、国家和社会的投资布局以及第三产业的业务模式等会产生比较大的影响。距离2003年抗击非典疫情已经过去近十几年了，在移动互联网盛行的今天，信息化水平已经大大提升了，但公共信息从发布到追溯仍然有些不尽如人意。一线的医务工作者要跟时间和病毒赛跑，却屡屡卡在人力协同上；群众接收的消息，往往搞不清源头和传播路径；《人民日报》带货能力毋庸置疑，“双黄连”一夜脱销，引得钟南山老爷子急着上电视解释；武汉在疫情前做过跨部门、跨机构甚至跨地域的应急演练，但当疫情真发生时却暴露了很多信息孤岛。这一切，都说明“公共信用”亟须拿出可信性和可操作性强的方案，需要一个可量化的版本。可以看到，“公共信用”在信息互联、社会治理、生产生活中必将扮演越来越重要的角色。面对这些，除了经验的积累和制度的改进，哪些科技会对建立“公共信用”产生巨大的价值呢？对此本文提出以下几点关于趋势的研判。

第一，今天的公共信息从产生、发布、传播、接收、协同等，无一不以数据的形式存在。移动互联网发展至今，数据治理水平和分布式科技应用能力逐渐成为数字化进程的两杆标尺。这当中，哪些科技能解决数据造假、数据孤岛以及数据的共享、存在、隐私等问题，其必将随着“公共信用”的重视和“公共信任资本”体系的建立而得到快速发展。区块链无疑是其中一把利剑。

第二，2003年非典疫情后，互联网得到了新的机会和国家的大力发展。同样，这次疫情之后，公共数字化治理、产业数字经济及线上数字化服务也一定会随着人们的反思和社会需求的积累而强烈反弹，呈现爆发式增长，像5G、人工智能、区块链等新兴技术也会随之得到热捧。

第三，一方面，从习近平总书记的讲话和国家发布的各项政策中不难发现，5G、人工智能、物联网、区块链等技术在信息发布共享、提升生活质量、加速产业升级等方面的产业应用建设已然成为趋势，势在必行。另一方面，单一信息化建设明显不能满足新的时代需求，针对“公共信任资本”的积累和提升而形成多技术融合的数字化解决方案，才是今后发展的方向。所以说，怎么将多项技术综合运用、和实体产业深度结合并形成最佳实践，科技从业人员要走的路还很长。

三、区块链与疫情相关的应用场景

在和疫情相关的场景中，可以把区块链应用分为以下三大类。

（一）信息共享

之前说“公共信用”建立难而破坏容易，而有些场景就是直接影响“公共信用”的，如公共信息发布、疫情预警、舆情分析、医疗信息同步等。比如，疫情期间经常会发现一些消息是在危言耸听，甚至是骇人听闻，后来证明都是假的。但是为什么还是会有人相信呢？因为这些消息往往比官方信息发布得快，政府发布一个信息有比较严谨的流程。一旦官方消息源没有第一时间澄清，各种铺天盖地的说法甚至“阴谋论”就会钻空子。在今天移动互联网+自媒体的时代，有些假消息被传播出来，那就是几百万甚至上千万的传播量，“公共信用”被快速破坏就不足为奇了。为什么要运用区块链呢？一是因为它是分布式技术，可以助力多组织间的协同。有时政府发布一个信息之前要和多个部门、单位去验证，区块链的共识机制就能发挥作用。二是区块链里有个技术称为智能合约，把公共信息发布的流程放在智能合约里，它可以根据流程自动执行，大大提升了效率。最后也是很重要的一点，区块链可以对其上的信息进行存证，几乎不可能被篡改，这样可以对信息发布源和传播途径进行追溯，并根据存证记录追责。

（二）应急物资和食品安全的追溯

这一类属于实物的供应链追溯。随着O2O零售行业和物流行业的发达，疫情之前，很多人没有意识到众多行业供应链的重要性。但几乎是一夜之间，口罩买不到了，消毒酒精和防护装备买不到了，外卖不敢点了，更不敢到餐厅吃饭。应该说，这次疫情对整个餐饮企业的影响是非常大的。怎么能让消费者对那些一直对卫生要求非常高、已经充分做好防护工作的餐厅外卖放心，从而帮助这些企业减少损失呢？其中，区块链就是一个解决方案，它在商品追溯、供应链、物流跟踪等方面已经有很多成功应用案例，主要是利用区块链上数据难以篡改的存证属性，将文本、图像、视频、语音、定位信息等记录在区块链上，同时利用参与供应链的上下游多方对数据产生共识，从而到达溯源的目的。

（三）认证管理

身份认证以前一直是 CA 的天下，所以很多人误认为 CA 是唯一合法的身份认证方式。其实，在遵守《中华人民共和国密码法》的前提下，很多方式都可以对身份进行认证，比如微信。最近每个社区、写字楼及办公地点都在进行隔离式管理，很多都发了出入证，还有比较奇葩的要对暗号，这本质上就是个身份认证的问题。此外，很多单位目前采用远程办公的方式，需要沟通了就开个线上会议，现在支持在线会议的软件和 SaaS 服务也非常多。这时，如果需要对参会人的身份加以验证，还是需要身份认证的方式。不少企业目前就采用了远程数字身份的方案。而且前不久，中国质量认证中心也推出了用电子证书替代纸质证书的服务，不仅避免了疫情接触传播的风险，也提高了流程时效。同样地，其他像金融、政务等也可以用这样的方式在线上提供服务。另外，这次某些慈善机构被质疑运作过程欠透明。如果每一位捐赠人都有一个虚拟身份卡，利用区块链技术可通过这个身份卡实时获得捐赠物款后续的所有信息，这种质疑就能减少很多。

四、结语

随着疫情的不断好转，更多对于科技尤其是区块链的需求会在后面爆发。了解区块链知识，运用科技的力量来造福社会，用积极的态度面对疫情，相信数字化社会到来的一天不会太远。

作者简介

董宁：中国移动研究院区块链研发中心负责人，北京大学新一代信息技术研究院金融科技中心负责人，中国互联网协会区块链工委会副秘书长，中国工信部“可信区块链推进计划”副理事长兼标准制定委员会顾问，国际电信联盟（ITU）分布式账本技术焦点组 Champion，开源项目 Hyperledger（超级账本）技术大使；曾任 IBM 亚太区 IT 经济学高级顾问、IBM 中国实验室区块链业务负责人；前智链万源（北京）数字科技有限公司 CEO。

徐少山：中国质量认证中心经营发展部处长，资源节约产品认证暨政府采购推进办公室主任；长期从事制造业、服务业的质量管理、环境管理评定和供应链管理，参与能源、可再生能源、能效、低碳的政策研究、国际国内合作、相关产品和技术推广；受国家发展改革委、财政部、工信部、商务部、教育部等单位的委托，在发展规划、节能减排、政府采购、冷链物流、食品安全等领域，开展和主持了多项工作；先后承担和主持了十多项联合国开发计划署、世界银行、美国能源基金会、国际铜业协会、英国使馆委托的研究项目；自 2017 年开始跟踪和研究区块链技术及应用，目前就区块链技术在政府监管、食品安全、动物养殖、碳减排、绿色建材监管和 TIC 行业的应用有一定的研究和心得。

第十七章

区块链与边缘计算的协同创新探索

董文宇　王　珂　庄小君　杨　波

边缘计算是5G网络新引入的组网和业务模式，通过将计算资源前置到用户附近，面向垂直行业提供低时延、高带宽、高安全性的业务，在网络和资源组织、业务体验提升等方面都具有良好的应用前景。

“区块链+边缘计算”作为通信技术和信息技术融合发展的新领域，将共同推动跨界融合创新，促进社会经济转型和发展。区块链去中心化部署的特征，天然适合与边缘计算结合，相互赋能、相互促进，形成通用性技术方案，共同推动“区块链+边缘计算”技术的应用和推广，为区块链技术和产业创新发展注入新活力。

一、区块链+边缘计算协同发展思路

（一）边缘计算简介

边缘计算是网络演进和云计算技术融合发展的产物，是指在靠近用户的地方提供计算、存储、网络等基础设施，部署各类行业应用，为用户就近提供边缘云服务。相比于传统云计算的集中部署模式，边缘计算解决了通信时延长、汇聚流量大等问题，为低时延和高带宽的业务提供了更好的支持。边缘计算的本质是云计算从集中化数据中心向外延伸和扩展到汇聚节点甚至接入节点，以“边缘智能”“端边互补”“边网协作”“云边协同”为核心能力。

超低时延和高带宽的业务需求促进了在5G网络中引入边缘计算技术，

形成了“中心+边缘”的新型分布式网络架构。随着边缘节点部署数量的增加，将逐步形成“边缘云+中心云”的新型云计算架构，培育出多样化的创新业务和商业模式。

同时，边缘计算可为特定行业应用（如工业互联网、园区办公网）提供数据本地分流和处理机制，实现了数据不出园（厂）区，因此具有更高的安全性。

随着5G业务和垂直行业应用的拓展，新兴市场对边缘计算的需求十分迫切。在众多垂直行业的新兴业务中，低时延、高带宽和高安全性成为边缘计算的独特优势。

（二）区块链+边缘计算的跨界协同

1. 边缘计算为区块链提供算力资源

边缘计算平台为部署和推广区块链应用提供算力资源，电信网络和行业应用都将从中受益。

资源层面：边缘计算平台为部署区块链节点提供了新的选择，区块链系统可以与业务应用共用边缘计算节点资源，节省云端资源开销，提升云资源的总体利用效率。

通信层面：相比在中心云部署区块链系统的传统方式，由于边缘计算平台靠近用户侧，通信时延更低，传播路径更加可控，且便于采取优化策略，可以将常用的账本数据、账户状态、业务状态等数据缓存在边缘节点，提高通信效率，降低数据传输时延。

能力层面：边缘计算平台通常集成了运营商网络能力，部署在边缘节点的区块链应用能够根据垂直行业的需求，就近调用运营商网络能力，从而形成“信息+信任”的特色区块链服务。

2. 区块链为边缘计算提供信任

边缘计算节点在运营商网络中处在“端—边—网—云”的关键位置，

在边缘节点上引入区块链非常有助于产业拓展。在“5G+”网络为各个垂直行业提供通信和信息服务的基础上，在边缘计算中引入区块链服务，能够为垂直行业提供中立、可信、易用的“信息+信任”平台，实现生产要素和资源在不同行业之间更高效地流通、有机整合，实现不同产业之间的协同，产生由点及面的效果，促进经济转型，甚至重构产业结构。

赋能协同：多级网络协同，构建智慧边缘。运营商传统的网络架构（包括5G的新架构）采用逐级集中、骨干网互联互通的模式，不同的边缘节点之间难以协作同步。借助叠加在边缘节点上的区块链服务，可打通不同边缘之间、“端—边—网—云”各方间的“孤岛”，形成信息和价值的流通，产生跨网协同效应。

赋能安全可信：由于边缘计算平台靠近用户部署，运营商的控制能力相对较弱，其设备、配置、数据、应用等的完整性和真实性保障相对受限。区块链可为边缘计算系统提供完整性保障和防伪存证，也可帮助“端—边—网—云”架构下分散的各方实现去中心的认证，满足安全的互访需求。

赋能共享：边缘计算节点的计算、网络和存储资源可以作为公共共享资源，开放给运行于其上的各种服务和第三方应用。这些资源都可以通过边缘计算平台上承载的区块链应用进行交易，以充分发挥其价值。

二、区块链+边缘计算的应用场景

按照应用的业务需求和技术特点，可将应用场景梳理为如下几类。

共享类应用：利用区块链分布式记账和共识机制等特性，将边缘计算生态中各参与方互通互联，或者打通供应链上下游，实现信用传递、数据同步和资源共享。

存证类应用：利用区块链分布式一致性和防篡改等特性，在边缘计算基础设施上实现数字化信息的长期、安全留存，并保证信息的完整性、时序性。

安全类应用：利用区块链账本数据的不可摧毁和不可篡改等特性，实现终端接入边缘认证、IT 与 CT 贯通和互信、边缘设备配置完整性校验等网络安全、应用安全功能。

（一）共享类应用：区块链辅助边缘计算信息与资源的共享

1. 边缘计算资源的共享

边缘计算基础设施向第三方应用开放计算、存储、网络等资源，第三方应用按需动态申请资源，并通过区块链进行记账，边缘计算运营方按照区块链的账单记录进行计费和结算。

（1）需求。

边缘计算基础设施可以为其上的各种服务和第三方应用提供通用资源（如计算、存储等资料）、特殊资源（如 GPU、FPGA 等硬件加速资源）和/或网络能力（如定位、短信等）。

传统方式下，边缘计算只能实现相对粗放的资源分配和计费。资源分配通常以租户为单位，采用固定分配方式。计费方式也相对单一，通常是按应用部署使用的时长、调用次数进行简单计费。

利用区块链能实现按需共享和可信计费。随着边缘计算生态圈的发展，按需分配资源，实现资源的高效利用，按实际使用情况进行高效可信计费结算的需求越来越强烈。这需要对资源的使用进行精细的计量，可利用区块链进行资源共享管理和记账，建立互信，优化处理流程。

（2）方案。

为使用区块链计费，边缘计算节点需部署或接入受信任的区块链节点，边缘节点上的第三方边缘计算应用也需部署或接入受信任的区块链节点。

当边缘计算应用需要申请资源时，例如当终端用户企图进入云游戏、需要 GPU 资源时，该用户可通过边缘计算运营入口发起资源申请，由边缘计算平台运营方进行资源分配。此时，边缘计算平台生成区块链交易提案，提交给边缘计算平台和第三方应用的区块链节点进行审批，审批通过后，将话单数据（开始使用资源的记录）通过共识算法存储于区块链中。当第三方应用停止使用资源时，将请求边缘计算平台释放资源，并生成释放资源的区块链交易提案，经边缘计算节点审批通过后，将话单数据（停止使用资源的记录）通过共识算法存储于区块链中。边缘计算平台运营方定期搜集区块链上的记账数据，向第三方应用收费，第三方应用可以通过区块链上的话单记录进行计费对账。

综上，通过将共识后的话单数据及时上链，可避免事后对账时双方数据的差别导致不信任，在出现问题时也能及时发现并解决，在提高资源使用计量认可度的同时也提升了效率，有利于优化资源，促进边缘计算的业务发展。

2. 共享经济

利用区块链和边缘计算技术，能够将个人/组织拥有的闲散设备、软件、数据等实现共享变现。边缘计算节点实施资源调度和共享操作，区块链负责实施共享交易和评价，从而使得闲置的分散资源得到有效利用，帮助企业快速跨越资源积累、用户获取的初始阶段，提升用户体验，支持高效监管，促进共享经济的发展。

（1）需求。

边缘计算节点极大丰富了算力、存储及采集数据等功能。近年来，终端性能不断提高，大部分终端具有较强的计算能力，支持存储能力和专用硬件资源，部分终端还拥有现场视频记录、用户位置数据等内容资源，这些都可以作为共享资源，开放给多个应用使用。而边缘计算节点能支持多种终端访问，如移动终端和传感器、摄像头等各种物联网设备，以及本地网络的电脑/服务器等，进一步提升了资料的可用性。

但是，传统方式下，不同个体或机构间缺乏合作的保障和信任关系，不敢开展交互应用，形成“孤岛”，特别是数据具有价值不透明、可复制、易篡改、难确权、难追溯的特点，导致建立信任的过程冗长、效率低下。

（2）方案。

以区块链为核心，提供资源授权、计费支付的手段。

资源拥有者通过本地部署或接入受信任的区块链节点，将其闲散资源信息登记到区块链上，包括资源类型、配置信息、资源访问授权信息（加密存储）、计费方式（按时长、按次数）等。

资源需求者通过本地部署或接入受信任的区块链节点，指定使用积分或者其他支付手段作为链上支付方式。

资源需求者在区块链上检索到匹配的资源，并实施链上付费，获取到资源访问授权信息后，开始使用目标资源设备。在此过程中，区块链全程监控使用情况，并将话单数据上链存储。使用完成后，还可在区块链上提交评价信息。

在区块链上进行设备、资源、数据的交易，通过授权机制保证安全性，使交易过程、设备的使用和数据访问记录、评价信息等不可篡改，各参与方都可对信息进行监督，更加公开透明和真实可信，从而促进良好的商业秩序及诚信和绿色、节能的社会生活方式的建立。

（二）存证类应用：边缘计算支持区块链进行高效存证

信息存证是指在从用户身份验证到信息创建，并对创建的信息数字化、存储和传输的全过程中，通过采用一系列安全技术，全方位确保数字化信息的真实性、完整性和可信度。

区块链技术可以用于边缘计算场景的数据存证业务，并具有以下优势。

缓解带宽压力：传统方式下，海量数据需要传输到中心云进行分析和存储，产生较大的带宽压力和传输成本。边缘计算能缓解传输带宽的问题。

提升实时性：传统方式下，数据传输到中心云的过程会大概率发生时延和抖动，造成数据丢失或者乱序，不利于及时有效地处理业务。将业务逻辑部署到客户附近的边缘节点，可加速数据传输、存储和处理，提高业务响应的实时性。

提升数据安全：传统方式下，所有数据都需要送往中心云，路由复杂，数据缺乏安全信道。使用部署在边缘节点的区块链服务，传播路径可控。

提高可用性：边缘计算节点为区块链提供算力和存储资源；同时，部分业务数据本身也可以保存在边缘计算节点上，或者通过边缘计算节点进行流转。当有数据存证的需要时，边缘计算节点可以很方便地将数据/数据的特征值保存在区块链平台/BaaS（区块链即服务）平台上。

1. 视频存证

视频数据可通过边缘计算节点的区块链进行本地数据存证。在查询验证数据时，能自动完成数据的验证服务，查验方能方便高效地获知数据真伪。

（1）需求。

视频监控已经广泛部署，但存在数据量大、不便共享且容易篡改等问题。矿区、校园、码头、海关等区域的监控视频，公检法等部门的执法视频等，由各单位自行存储，当有特定情况发生需要调阅视频时，只能查询各单位自身存储的视频数据，而各单位基于本单位利益考量，很可能会对不利于本单位的视频数据进行删除、伪造等处理，这样存在数据造假，不利于还原事实真相。视频记录的可信性，特别是经过长时间存储的历史视频的真实性可能被质疑。

使用区块链记录进行佐证，可大大提高视频的可信性。

（2）方案。

视频文件通常比较大，而区块链账本的存储空间有限，在业务方案和流程的设计上考虑将视频文件的摘要信息上传到区块链存证，而视频源文件还是物理分散在各单位原有的存储介质上。视频摘要信息包括视频文件的哈希值及文件名、文件大小等元信息。

在采集存证阶段，在视频采集、分析、存储设备（如摄像头、视频服务器）附近部署边缘视频服务软件，定期检查视频文件并生成视频摘要，发送给区块链节点。区块链系统经过共识处理，将视频摘要存储到区块链网络上。

在调取验证阶段，业务人员在调取本地视频文件进行查看时，边缘视频服务软件向区块链系统发出验证请求，获得与视频文件对应的摘要信息。如果视频文件和摘要信息匹配，则表明视频文件没有被篡改，最终将验证的结果反馈给业务人员。

2. 行业数据可信处理

区块链与边缘计算共同为各垂直行业生产活动的数字化提供可信与效率价值。垂直行业用户将该行业长流程业务各环节的生产数据实时传输到边缘计算节点，部署在边缘计算节点的区块链服务可以提供实时存证服务，并基于可信数据的分析处理支持业务的可信执行，解决业务数据处理的带宽、实时性、安全性与高可靠问题。

（1）需求。

在数字化技术融合传统产业的趋势下，各行业活动伴随多方参与、长流程、大数据与智能处理。以智慧农业为例，传感器采集多样的数据，进行实施分析和智能处理，将传感、存储、分析过程联动，整合为一体，完成远程监测、控制与预警。又如航运物流业，海运环节涉及货主、货运代理公司、海关和船舶公司等多个参与方，航运业务繁多，流程复杂，协同效率低，成本高，需要联系各方实现协同商务，进而实现高效率的国际贸易产业链。这些都需要建立多方间的数据可信。

（2）方案。

随着设备数量、数据传输量、数据计算量的快速增加，行业应用系统对传输带宽、算力和响应速度的要求越来越高，可以通过边缘计算提供多连接、低时延、高可用的服务。同时，利用区块链实现全流程数据的多方交互、可信存证和可信执行，从而实现全过程的监测管控。

更具体的，将垂直行业长流程业务各环节的生产数据（如监控对象、设备实况、各类单据等）发送给就近部署的边缘节点，借助区块链将生成的数据及其流程实时上链，进行数据存证，用于流程跟踪和业务追溯，如导航、作业调度、事故原因等，使得业务全流程都有直观、完备、细致的数据留痕。同时，利用边缘计算对数据进行及时的分析，依托区块链的智能合约进行流程管控、实时反馈、触发告警，生成可双向追溯的、可靠的电子证据等。

（三）安全类应用：区块链提供边缘计算安全增强

1. 终端设备认证

改进传统的中心化认证方式，基于区块链构建身份认证系统，用于物联网终端设备的认证。设备生产商可直接将设备的身份信息写入区块链，不再依赖中心化 CA，基于区块链的多点数据同步防篡改特性，提高身份认证的安全性和效率。

（1）需求。

传统的认证方案存在单点故障的风险。边缘计算节点上的物联网应用接入大量的物联网终端，物联网终端和边缘计算应用之间需要建立双向认证，以保证系统及物联网采集数据来源的双向身份安全。目前常用基于 PKI 的身份认证体系，由于用户证书只能由所属根证书进行验证，不能使用其他 CA 的根证书，其集中化的数字证书认证中心 CA 存在单点风险，一旦遭受安全攻击或自身出现故障，就会影响到整个物联网系统的所有用户。虽然业界针对此问题提出了交叉认证等解决方案，但都存在一定的局限性。

（2）方案。

基于区块链构造身份认证系统，实现身份证书的安全存储和发布。一方面，物联网设备出厂时，工厂生成该设备的公私钥和自签名数字证书，写入设备中，并发布到区块链身份认证系统。区块链身份认证系统核查证书后，将证书记录到区块链中。另一方面“边缘计算+物联网”的应用也将其证书发布到区块链身份认证系统中。当物联网终端和边缘计算应用之间需要建立连接时，物联网终端向边缘计算应用发送证书标识，边缘计算应用用该标识向区块链身份认证系统请求对应的证书，然后用查询到的证书对该设备进行认证。与此同时，物联网终端以同样的方式对边缘计算应用进行认证。双向认证通过后，两者进行 TLS 握手流程，建立安全的数据传送通道。

2. 确保应用、配置的完整性

在区块链上发布校验信息，当软件、配置、通信加载启动时进行验证。

版本安全：在加载与运行 App 时，确保 App 版本的完整性。在加载、运行时采用校验码验证，及时发现篡改行为，以防止 App 在分发环节被植入木马、僵尸病毒等。同时，部署在边缘计算节点的设备安全补丁、安全配置基线、虚拟机/容器镜像等，也需采用校验码验证，保证完整性并防止篡改。为此，设备商、ISP 与运营商可以建立联盟链，在推送 App 给客户的同时，在区块链发布校验码，保证版本分发、传输过程的安全可信。

流量通信安全：利用 App 的唯一特征建立互信关系，只有具备相互信任关系的 App 与 App 之间、App 和边缘计算节点之间等才允许通信和流量交互。

保存重要记录：App 的关键配置、操作日志等重要信息上链保存，实现不可篡改，支持安全审计和举证。

业务敏感信息：对诸如边缘计算节点业务转发策略、业务话单、流量镜像等数据进行完整性保护。

（1）需求。

边缘计算节点会承载大量的非电信类应用和 UPF 等电信应用，这些应用都要求高安全性，因此设备商及软件开发商在发布版本时，需要保证软件版本的完整性，防止软件包在发布、分发或传递过程中被篡改、植入木马或病毒等。当前的解决方案是进行数字签名，数字签名通过 CA 完成，但 CA 管理流程较为复杂。

边缘计算节点需要赋能应用及保证配置信息安全。

（2）方案。

该应用场景下，将应用软件及镜像、业务敏感配置等的校验信息上传区块链，利用区块链不可篡改的特征，实现安全可靠的获取、查询、追溯等，系统间的交互也利用区块链进行可信认证。

三、区块链+边缘计算的技术实践

一方面，区块链为边缘计算系统赋能信任和安全，另一方面，靠近用户的边缘计算系统为区块链业务提供承载平台，为用户带来更高效、快捷的业务体验。

（一）区块链+边缘计算的服务模式

IaaS、PaaS 和 SaaS 是云计算的三种服务模式。SaaS（软件即服务），提供给客户的服务是运行在云计算基础设施上的应用程序；PaaS（平台即服务），提供给客户的服务是开发语言、工具及组件服务等平台能力；IaaS

（基础设施即服务），提供给客户的服务是对计算基础设施的利用，包括处理 CPU、内存、存储、网络和其他基本的计算资源。

从边缘计算平台承载区块链的角度，我们可以参照如下三种云服务模式来规划。

1. IaaS 服务模式

边缘计算平台所处的多地分布式 ICT 云，可以同时为区块链提供分布式、去中心化的资源，便于区块链的快速部署。

2. PaaS 服务模式

区块链以服务的模式，集成在基于 PaaS 架构的边缘计算平台上，提供 API 供边缘计算 App 调用。

3. SaaS 服务模式

区块链以 SaaS 模式，提供应用级服务，直接提供数据存证等应用服务。

（二）区块链+边缘计算的部署方式

区块链系统通常作为一个 IT 应用系统，与 IT 应用一起，部署在企业局域网和互联网上。

边缘计算节点通常部署在运营商网络的接入层和汇聚层，采用虚拟化架构，支持通过虚拟机/容器方式，可灵活适应部署环境。边缘计算节点提供本地数据分流能力、多种接入能力，可以部署多种边缘特色应用。此外，边缘计算节点也常常部署在企业、园区等本地网络上。

从区块链系统是否部署在边缘计算资源池的视角来看，边缘计算和区块链的融合可有三种部署模式：On MEC（区块链部署在边缘计算资源池内）、Off MEC（区块链部署在边缘计算资源池外）和 Hybrid MEC（混合部署）。

1. On MEC

On MEC 是指区块链系统各个节点完全部署到边缘计算提供的资源池上，赋能边缘计算节点且通过边缘计算节点对外提供服务和应用。

2. Off MEC

Off MEC 是指将区块链系统各个节点部署到企业私有云、公有云上，其使用的资源和边缘计算节点无关，由区块链系统自行提供服务接口供边缘计算应用使用，从而赋能边缘计算。

3. Hybrid MEC

Hybrid MEC 融合了 On MEC 和 Off MEC 两种方式，将部分区块链节点部署到边缘计算节点上，将其他部分区块链节点部署到企业私有云或公有云上，形成一种混合组网的模式。部署方式的选择主要看行业用户的业务需求和已有部署条件。

四、边缘计算+区块链的发展展望

随着社会经济发展和产业结构转型，跨组织、跨国家、跨行业的社会协作必将不断密切化，区块链作为“价值互联网”的载体，必将在社会经济发展中起到越来越重要的作用。

通信产业面向垂直行业推出的边缘计算新特性，将吸引诸多对业务质量和数据安全有更高要求的垂直行业应用。

边缘计算和区块链两种技术的有机结合，将为多个垂直行业之间可信、高效协作打下基础：边缘计算、网络切片等新网络功能仅满足了特定行业用户自身的业务需求，将区块链引入运营商网络并与边缘计算技术配合，可促进已经使用这些新功能的节点之间加强协作，实现信息、资源、生产要素的协作共享，促进生产关系的优化和生产力的解放，促进全社会多个产业的协同发展，切实实现通信产业“5G 改变社会”的愿景。

参考文献

[1] ITU-R M. 2083-0. IMT Vision-Framework and Overall Objectives of the Future Development of IMT for 2020 and Beyond.

[2] 中国移动边缘计算开放实验室. 中国移动边缘计算技术白皮书 [R]. 2019.

[3] SDN/NFV 产业联盟. MEC 行业应用白皮书 [R]. 2018.

[4] 边缘计算产业联盟，工业互联网产业联盟. 边缘计算安全白皮书 [R]. 2019.

[5] ITU-T X. 1401 Security Threats to Distributed Ledger Technology.

[6] 中国移动 5G 联合创新中心，等. 区块链+边缘计算技术白皮书 2020 [R]. 中国移动，2020.

[7] SDN/NFV/AI 标准与产业推进委员会. 运营商边缘计算安全技术研究报告 [R]. 2020.

作者简介

董文宇：中国移动研究院高级工程师，研究兴趣包括区块链、大数据、移动通信网络与业务等。

第十八章

区块链安全技术研究

王 珂 杨 波

区块链作为价值表示和传递的新技术，安全是确保区块链平台和其上应用数据价值和信任的前提。一方面，区块链具备去中心化、基于算法构建信任、信息透明可信等特点，这些特点可用于为业务应用带来防单点故障、数据防篡改、容错能力强等安全增强作用，但也需防范区块链的匿名性、不易删除等特性被利用而成为恶意攻击的工具，从而充分发掘区块链的安全价值。另一方面，区块链作为一种新技术，网络环境开放、基础信任缺失、数据多方共享、安全责任分散的特点使得其在设计、实现、使用、运营等的全生命周期中可能面临安全风险。由于技术特点、实现机制等诸多方面的变化，传统的安全手段不能完全保障区块链平台及应用的安全。因此，需针对区块链制订相应的安全要求和增强机制，以构建区块链的坚实基础。

一、区块链与安全概览

安全是区块链的价值。首先需关注如何用区块链增强安全：区块链是一种全新的分布式基础架构与计算范式，它的很多核心技术机制，如去中心化网络、密码算法、共识机制等具有安全特性，可以说，区块链自带安全基因，而这些安全保障也是多方之间建立互信的基础，因此我们可以利用区块链内生安全机制及其所具有的安全特性来实现对系统或业务的安全可信增强，其中也包括基于区块链实现一些安全类业务。其次，区块链的匿名性等特点也使得它可能被恶意利用，成为一些从事非法活动的人发起攻击的利器。

同时，安全是区块链的基础，应关注如何安全地使用区块链。区块链的核心价值在于建立信任，而信任是有前提的，建立在它本身足够安全的基础上，如果区块链本身不够安全，其上承载的基于信任产生和传递的各种价值也将轰然崩塌。因此，区块链作为一种新技术，其本身的安全漏洞、面临的安全风险也需要考虑，再加上传统的安全保障手段可能不适用于区块链，需要对区块链做安全要求和安全增强。

二、区块链天然具有安全特性

区块链是一种全新的分布式基础架构与计算范式。区块链技术具有去中心化、基于算法构建信任、公开可追溯等特点。基于区块链实现的业务应用，天然具备防单点故障、数据防篡改、容错能力强等安全增强，具体包括如下。

（1）通过得到数学证明的共识机制，保证即便存在一定量的不可信节点，最终也能使全网各节点达成共识，建立信任关系。

（2）区块链系统构建在分布式网络基础之上，由大多数或全部节点基于共识机制共同参与决策，系统运作规则公开透明，不需要第三方权威机构的信用背书，单一节点的故障或攻击不会影响达成共识结论。

（3）区块链系统的存储也是分布式的，账本并不集中存放，而是分散在网络中的每一个节点上，大多数节点或全部节点都有账本的副本，所有账本同步更新，单一节点的故障或攻击不会影响其他节点所存储账本的内容。

（4）区块链系统使用非对称密码算法，基于公私钥进行账户的生成和验证，可以实现匿名登录，在此基础上执行账户的操作，比如发起和验证交易、执行和验证背书等，实现防伪造、防抵赖、防篡改；交易或区块签名后传输，也可以防止伪造和抵赖，以及传输过程中的篡改。

（5）在一个区块中交易可以进行完整性校验，常见的方式是对所有交易构建哈希 Merkle 树，对任意一笔交易的篡改都会改变 Merkle 树的根值，通过检查 Merkle 树的根，很容易发现交易是否被改变。

（6）区块链采用带有时间戳的链式区块结构，每个区块头中存有前一个区块的哈希值，前一个区块中任一数据的更改都会改变该哈希值，那么通过将前一个区块的哈希值与后一个区块中记录的哈希值进行比对，就很容易发现数据篡改，除非修改这个区块后面链条上每个区块中记录的前一个区块的哈希值。而在使用算力竞争共识的区块链中，该哈希值还需满足目标难度的要求，涉及大量的哈希运算，使得这种修改的难度会随着块数的增多而大大增加。

区块链可以建立信任，除了为非安全类业务提供安全保障外，传统安全服务也可以考虑基于区块链重构与实现，以利用其安全、可追溯、去中心、多方信任等特性。例如，基于区块链实现 PKI、威胁情报共享、软件定义边界、网页防篡改等。

三、区块链的技术特征可被用于恶意攻击

区块链的技术特征是一个双刃剑，既可用于增强安全，建立可信，也可能会被黑客利用进而对业务和信息安全造成威胁。以下几种技术特征可能被黑客利用发起恶意攻击。

共识激励用于恶意挖矿：区块链各节点需要对账本达成共识，一些区块链通过激励机制鼓励节点积极参与到共识达成中，即挖矿，一些不法分子通过劫持用户的电脑资源，在用户不知情的情况下，通过将挖矿代码内嵌到客户端软件、网站网页、游戏应用、服务器、接入 Wi-Fi 网络中的笔记本电脑甚至 Word 文档中，非法使用用户的计算资源强制挖矿，从而获得虚拟货币收益，造成用户电脑 CPU 占用及损耗。

匿名性用于辅助不法行为等：基于区块链实现的数字货币便于进行匿名交易，因此常被犯罪分子用作实施不法行为的辅助手段，比如勒索病毒、洗钱、暗网交易等。以勒索事件为例，攻击者利用勒索病毒实施敲诈，造成生产或服务中断等重大损失，受害者被迫支付一定数量的加密货币作为赎金，根据相关统计，2019 年相关的损失达到了 115 亿美元。

不可删除特性引起信息安全治理风险：恶意攻击者利用区块链的不易删改和匿名特性，将恐怖、反动信息上链，造成不良影响；或者将恶意代码、主控端地址上链，以达到持久化的目的。在传统公有链中，将错误、恶意的信息删除几乎是不可能的任务，目前以太坊、比特币上都有非正常业务的数据存在链上。

四、区块链的安全风险分析

区块链系统网络环境开放、基础信任缺失、数据多方共享、安全责任分散的特点使得其在设计、实现、使用、运营等的全生命周期中面临安全风险。

（一）机制设计不当引入安全风险

如果区块链系统中的共识协议、业务逻辑、智能合约逻辑等机制设计不合理，会被人利用发起攻击。例如：

如果共识协议设计不当，允许贿赂、预测等不公平竞争，会造成分叉、双花等攻击。

如果业务逻辑设计不够安全，比如隐私信息明文公开存放在各节点上，或者区块链交易之间的关联性可以被用于推测敏感信息，会存在用户隐私泄露风险；再如区块链虽然能够实现经共识后的链上数据不可篡改，但由于数字世界与物理世界无天然关联性，因此无法保证从线下资产中提取的数据来源的真实性，从而导致上链数据不可信。

如果智能合约逻辑设计不当，比如存在交易顺序依赖等，合约执行结果将不具有一致性或不可信。

（二）实现存在漏洞引入安全风险

系统实现代码、智能合约本质上是程序代码，不可避免存在漏洞，漏洞被利用会带来一定的安全风险。比如，区块验证过程的缓冲区溢出漏洞可能造成将错误的区块验证为正确的；而智能合约方面的漏洞更是制约区块链安全应用的瓶颈，通过安全机构统计的智能合约安全事件，可以看出智能合约漏洞引起的安全事件在区块链安全事件中占了很大的比例。

（三）组件的不安全使用引入安全风险

区块链本身或使用区块链的过程中，会用到一些基础组件，如密码算法等，密码算法的安全来自数学难度，所以是相对安全的，但随着高性能计算的发展也存在被破解的可能性。私钥在生产、存储、保管中如果使用不当，也会带来安全风险，比如私钥托管容易造成监守自盗或被黑客盗取，私钥一旦丢失，便无法对账户的资产执行任何操作；P2P 网络协议本身如果存在漏洞，攻击者可能会发起日食攻击、女巫攻击等；智能合约运行的容器如果存在漏洞，会影响合约的正确运行，如典型的“以太坊短地址攻击”，由于 EVM 并没有严格校验地址的位数，还擅自补充消失的位数，因此让合约多发送很多代币出来。

（四）业务运营安全面临挑战

业务运营数据分散存储在各个节点，运营日志和监控信息分散化导致对攻击的感知能力不足，无法及时发现并处理安全威胁；运营难以干涉区块链的系统运行；区块链业务涉及网络提供商、平台提供商、平台运营商、业务运营商等多方，发生安全事件时可能存在安全责任不清的问题，联盟成员内也存在治理的问题；随着当下区块链监管政策法律纷纷出台，业务运营方也面临合规风险。

（五）传统安全保障手段不再适用

基于区块链技术的模式创新，导致传统的安全保障手段可能不再适用，主要表现在以下几个方面。

（1）集中管控和防护手段不再适用。区块链网络为去中心对等网络，与客户端/服务器网络系统结构不同，传统的防火墙、入侵检测等集中防护手段不能完全适用于区块链架构。另外，相比传统的集中管控、集中防护的安全手段，区块链业务对安全事件的响应处理也可能不够迅速。

（2）安全保障和评估手段仍处于探索阶段。区块链技术自身尚处于快速发展的阶段，新机制、新组件引入的新风险可能尚无成熟的安全保障手段来解决。另外，区块链缺乏系统级的安全评估手段，所包含的共识算法、激励机制、智能合约等关键环节的安全性尚待评估。

（3）安全问题造成的影响更难干预。区块链的信任主要基于数学原理及算法建立，区块链系统运行不受单个个人或组织干涉，其安全风险可能会处于失控状态，如非法信息链上传播，安全风险造成的影响也可能更持久，更难以纠正。

（4）增加数据治理难度。某些数据有隐私保护要求，与区块链的数据公开特性相悖，传统的加密等隐私保护手段可能无法直接适用；另外，某些数据有删除要求，个人数据要有被遗忘权，与区块链的数据溯源、防删除特性相悖。

五、区块链的安全要求与增强机制

（一）区块链系统安全框架

区块链系统安全能力要求包括：基础设施层安全能力要求、区块链核心能力层安全能力要求、区块链业务实现层安全能力要求和平台管理安全能力要求（图 18-1）。

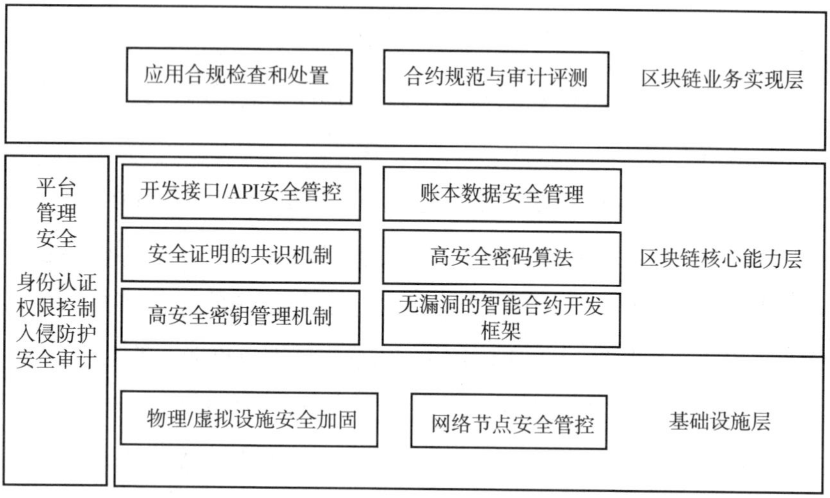

图 18-1　区块链系统安全框架

资料来源：作者绘制。

基础设施层安全能力包括物理/虚拟设施安全加固和网络节点安全管控。

区块链核心能力层安全能力包括开发接口/API 安全管控、账本数据安全管理、安全证明的共识机制、高安全密码算法和密钥管理机制、无漏洞的智能合约开发框架等。

区块链业务实现层安全能力包括规范智能合约开发，执行合约代码审计和评测，实施业务合规检查和处置等。

平台管理安全能力包括身份认证、权限控制、入侵防护、安全审计等。

（二）基础设施安全要求与增强机制

在不可信的节点间建立可信正是区块链的价值，通过核心层的一系列机制可以保证区块链系统具有一定的容错性，因此节点不可信是区块链允许的前提。如果是联盟链又有业务隐私保护或者性能等方面的要求，可能需要节点有一定的基础信任，此时可以要求节点的底层基础设施具备和平台、应用的底层资源类似的传统的安全要求。比如，设备自身应具备基本的物理安全，做好服务端口漏洞账户配置等方面的安全加固，实施权限管理、访问控制；可引入可信计算以增强设施安全等。

（三）网络安全要求与增强机制

区块链网络的节点成员可以动态加入，信息传播要求必须暴露 IP 来支持 P2P 邻近发现，节点间的通信是公开的。这些特征使得节点、网络可能遭受攻击，如节点路由表攻击、节点身份攻击、网络窃听、网络路由攻击、网络拒绝服务攻击、验证绕过等。针对上述攻击，相应的安全要求与安全增强机制如图 18-2 所示，通过这些手段的组合可以对区块链网络安全起到一定的保障作用。

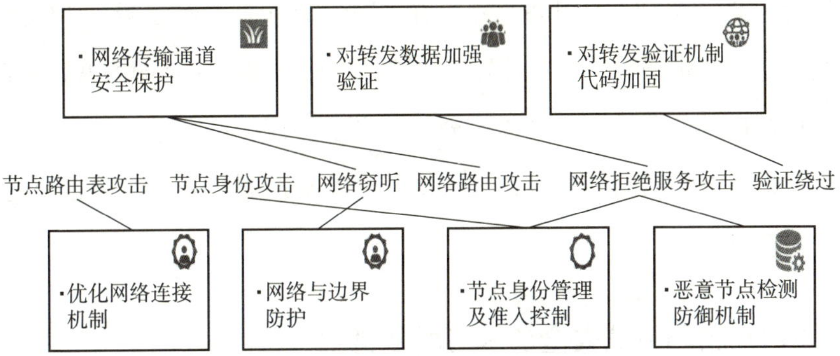

图 18-2　针对区块链网络攻击的安全机制

资料来源：作者绘制。

（四）数据安全管理机制

区块链上记录的交易数据在各节点间公开，信息易被获取，存在隐私泄露风险。比如，隐私数据被公开上链，对链上链下数据及账户进行攻击、链上数据未授权访问、身份追踪。区块链的隐私数据风险是制约区块链在一些领域落地应用的关键问题。数据隐私管理应遵循个人信息安全基本原则、安全隔离原则、最小授权原则、明示同意原则、透明原则及监管合规原则等。实施隐私保护的方式有很多种，保护数据存储过程的方式有隐私数据链外存储、隐私数据加密保护、对账本数据脱密处理、账本隔离、授权访问控制等；保护数据传输过程的方式有通道加密、数据混淆等；保护身份隐私的方式有基于密码技术的隐私保护手段，如环签名、零知识证明，隐藏账户地址等。

（五）共识安全要求与增强机制

共识机制是区块链各节点达成一致的算法，是区块链的核心能力。不同的共识模型有各自的特点。合理界定安全范围，在确保安全与攻破安全防御所付出的代价之间找到一个平衡点，根据业务场景选择多种或可切换的共识机制：不同公式算法有不同的侧重或工作效率，评价维度包括安全性、扩展性、资源消耗。应采纳经过严格安全证明的共识机制。共识机制应具备容错性、抗攻击分析等安全特征；平台应以公开的方式提供共识机制说明及其安全条件，由开发者根据业务安全要求选用适当的共识机制。

（六）密码算法安全要求与增强机制

区块链运用了大量的加密算法，包括哈希算法、非对称算法等，用于实现身份验证、消息保护、账户身份信息保护、共识机制等。密码算法面对算力增强和新计算模式的挑战，未来面临多方面的破解风险，因此需考虑应用高安全密码算法和密钥管理机制：在构建区块链系统时采用安全性更高的密码算法来增加攻击难度；尽早设计适合区块链系统的抗量子攻击算法；平台应规范密钥生成的方法，保证密钥质量合格；从自主可控的角度考虑，平台应鼓励使用国产密码算法；采用专用密码芯片等硬件。

（七）智能合约安全要求与增强机制

智能合约运行的虚拟机及验证、控制等机制可能存在安全漏洞，智能合约部署后难以更新的特点也让恶意智能合约的影响更持久。针对区块链智能合约的安全风险，首先在语言方面，要采用无漏洞的智能合约开发框架，目标语言和源语言要保持语义上的一致性；在设计开发阶段，开发智能合约模板时，建议使用安全组件，制定开发规范并对开发人员进行培训，要注意满足业务对隐私、权限等方面的特别要求；在测试阶段，要进行充分的模糊测试和白盒测试，对智能合约进行深度的审计和评测；在环境方面，对运行环境要做好资源隔离和指令限制，做好环境加固，防范漏洞；最后，应该提供应急处理方案，包括暂停、恢复、更新、迁移、分叉等。

六、总结

安全是区块链的价值：区块链具备去中心化、基于算法构建信任、公开可追溯等特点，一方面可用于为业务应用带来防单点故障、数据防篡改、容错能力强等安全增强，另一方面需考虑防范其被用作恶意挖矿、匿名的非法行为、挑战信息安全治理等攻击行为的工具。

安全是区块链的基础：区块链作为一种新技术，其本身由于机制设计不当、实现存在漏洞、组件不安全使用、业务运营面临挑战等可能引入安全风险，传统的集中防护和评估手段可能不适用于区块链，区块链在干涉和数据治理方面也难以使用传统手段，需要在基础设施、网络、隐私、共识、密码算法、智能合约等方面做出相应的安全要求和增强。

参考文献

[1] ITU-T X. 1401 Security Threats to Distributed Ledger Technology.

[2] 中国信息通信研究院，等. 可信区块链推进计划：区块链安全白皮书 [R]. 2018，12.

[3] ITU-T X. ss-dlt security services based on Distributed Ledger Technology.

作者简介

王珂：中国移动研究院工程师，ITU-T SG17 Q14（分布式账本技术安全）副报告人；主要从事区块链相关前沿技术研究和标准化工作。

附录一　相关新闻报道

习近平总书记在中央政治局第十八次集体学习时强调，把区块链作为核心技术自主创新重要突破口，加快推动区块链技术和产业创新发展

新华社北京10月25日电　中共中央政治局10月24日下午就区块链技术发展现状和趋势进行第十八次集体学习。中共中央总书记习近平在主持学习时强调，区块链技术的集成应用在新的技术革新和产业变革中起着重要作用。我们要把区块链作为核心技术自主创新的重要突破口，明确主攻方向，加大投入力度，着力攻克一批关键核心技术，加快推动区块链技术和产业创新发展。

浙江大学教授、中国工程院院士陈纯就这个问题作了讲解，并谈了意见和建议。

中共中央政治局各位同志认真听取了讲解，并进行了讨论。

习近平在主持学习时发表了讲话。他指出，区块链技术应用已延伸到数字金融、物联网、智能制造、供应链管理、数字资产交易等多个领域。目前，全球主要国家都在加快布局区块链技术发展。我国在区块链领域拥有良好基础，要加快推动区块链技术和产业创新发展，积极推进区块链和经济社会融合发展。

习近平强调，要强化基础研究，提升原始创新能力，努力让我国在区块链这个新兴领域走在理论最前沿、占据创新制高点、取得产业新优势。要推动协同攻关，加快推进核心技术突破，为区块链应用发展提供安全可控的技术支撑。要加强区块链标准化研究，提升国际话语权和规则制定权。要加快产业发展，发挥好市场优势，进一步打通创新链、应用链、价值链。要构建区块链产业生态，加快区块链和人工智能、大数据、物联网等前沿信息技术的深度融合，推动集成创新和融合应用。要加强人才队伍建设，建立完善人才培养体系，打造多种形式的高层次人才培养平台，培育一批领军人物和高水平创新团队。

习近平指出，要抓住区块链技术融合、功能拓展、产业细分的契机，发挥区块链在促进数据共享、优化业务流程、降低运营成本、提升协同效率、建设可信体系等方面的作用。要推动区块链和实体经济深度融合，解决中小企业贷款融资难、银行风控难、部门监管难等问题。要利用区块链技术探索数字经济模式创新，为打造便捷高效、公平竞争、稳定透明的营商环境提供动力，为推进供给侧结构性改革、实现各行业供需有效对接提供服务，为加快新旧动能接续转换、推动经济高质量发展提供支撑。要探索“区块链+”在民生领域的运用，积极推动区块链技术在教育、就业、养老、精准脱贫、医疗健康、商品防伪、食品安全、公益、社会救助等领域的应用，为人民群众提供更加智能、更加便捷、更加优质的公共服务。要推动区块链底层技术服务和新型智慧城市建设相结合，探索在信息基础设施、智慧交通、能源电力等领域的推广应用，提升城市管理的智能化、精准化水平。要利用区块链技术促进城市间在信息、资金、人才、征信等方面更大规模的互联互通，保障生产要素在区域内有序高效流动。要探索利用区块链数据共享模式，实现政务数据跨部门、跨区域共同维护和利用，促进业务协同办理，深化“最多跑一次”改革，为人民群众带来更好的政务服务体验。

习近平强调，要加强对区块链技术的引导和规范，加强对区块链安全风险的研究和分析，密切跟踪发展动态，积极探索发展规律。要探索建立适应区块链技术机制的安全保障体系，引导和推动区块链开发者、平台运营者加强行业自律、落实安全责任。要把依法治网落实到区块链管理中，推动区块链安全有序发展。

习近平指出，相关部门及其负责领导同志要注意区块链技术发展现状和趋势，提高运用和管理区块链技术能力，使区块链技术在建设网络强国、发展数字经济、助力经济社会发展等方面发挥更大作用。

（来源：新华社，https：//www.xinhuanet.com/politics/leaders/2019-10/25/c_1125153665.htm，2019年10月25日）

附录二　区块链复盘

2019年区块链行业大事件

1. 中央政治局集体学习区块链

背景：2019年10月24日下午，中共中央政治局就区块链技术发展现状和趋势，进行第十八次集体学习。中共中央总书记习近平在主持学习时强调，区块链技术的集成应用在新的技术革新和产业变革中起着重要作用。我们要把区块链作为核心技术自主创新的重要突破口，明确主攻方向，加大投入力度，着力攻克一批关键核心技术，加快推动区块链技术和产业创新发展。

意义：区块链是继大数据和人工智能后，中央政治局集体学习的第三种新兴技术，体现了中央对于区块链技术的重视。这次集体学习是在十九届四中全会前夕，因此，需要我们深入思考区块链对于提升国家现代治理能力的价值和作用。

2. Facebook发布天秤币（Libra）白皮书

背景：2019年6月18日，Facebook加密货币项目天秤币（Libra）白皮书发布，Facebook联合全球27个行业巨头，计划2020年推出该加密货币天秤币，计划由美元、英镑、欧元和日元4种法币计价的一篮子低波动性资产作为抵押物，自天秤币白皮书公布以来，受到了广泛的争议。目前已有多家天秤币会员宣布退出，多国金融监管机构明确表示了对天秤币的抵制，天秤币2020年能否如期现世仍未可知。

意义：尽管天秤币只是一个构想，甚至不排除是Facebook为稳定市值而抛出的烟幕弹，但这向全球监管机构展示了区块链和数字货币的惊人能力，体现了跨国公司作为经济体可能产生的深刻影响。无论天秤币最后是否能顺利发行，这份白皮书之于区块链行业的意义，都不亚于中本聪的比特币白皮书。

3. 中央严打虚拟货币非法集资

背景：2019年11月14日，北京市地方金融监督管理局发布《关于交易场所分支机构未经批准开展经营活动的风险提示》。11月15日，上海市金融稳定联席办和中国人民银行上海总部联合印发《关于开展虚拟货币交易场所排摸整治的通知》。11月21日，深圳市互联网金融风险等专项整治工作领导小组办公室发布文件《关于防范“虚拟货币”非法活动的风险提示》。11月22日，中国人民银行上海总部发布文件《加大监管防控力度，打击虚拟货币交易》。

意义：在区块链技术推广宣传过程中，虚拟货币妙作有抬头迹象。打击虚拟货币交易以及以虚拟货币为名的非法集资、诈骗等违法行为，是为了进一步肃清市场，出清风险，帮助区块链行业去伪存真，也为合规企业腾出了更大的发展空间。

4.《中华人民共和国密码法》发布

背景：2019年10月26日全国人大常委会表决通过《中华人民共和国密码法》（以下简称《密码法》），将自2020年1月1日起施行。《密码法》旨在规范密码应用和管理，促进密码事业发展，保障网络与信息安全，提升密码管理科学化、规范化、法治化水平，是我国密码领域的综合性、基础性法律。

意义：区块链技术的基本原理是加密的分布式记账技术。《密码法》的出台对于我国推动区块链技术和产业创新发展提供了重要的法律保护和规范指引。另外，《密码法》的出台将全面改善我国密码领域的法律现状，提供一个基本的法律监管框架。

5. 中国人民银行加速数字货币研究

背景：2019 年 8 月 2 日，中国人民银行召开 2019 年下半年工作电视会议。会议提出，要因势利导发展金融科技，加快推进我国法定数字货币（DC/EP）研发步伐，跟踪研究国内外虚拟货币发展趋势。8 月 18 日，《中共中央 国务院关于支持深圳建设中国特色社会主义先行示范区的意见》明确提出，“支持在深圳开展数字货币研究与移动支付等创新应用”。

意义：中国人民银行最早关注区块链，就是起源于 2014 年成立的数字货币研究小组。由于区块链首个产品就是数字货币，所以天然带有金融属性。由于中国明令禁止 ICO，因此法定数字货币就成了最重要的区块链应用。但值得注意的是，中国人民银行官员曾明确表态，法定数字货币不预设技术路线，因此未必会采用区块链技术。因此，市场也需要谨慎解读法定数字货币之于区块链行业的意义。

6. 中国人民银行推广区块链贸易融资平台

背景：2019 年 12 月 4 日，中国人民银行官网显示，截至 2019 年 11 月 29 日，在深圳市参与推广应用的银行 30 家、网点 488 家，发生业务的企业 2315 家，实现业务上链 3.5 万余笔，业务发生笔数近 7000 笔，业务量约合 823 亿元人民币。2019 年，中国人民银行还在湖南、广西、天津、河北、安徽、江苏、浙江、甘肃、福建 9 个省（区、市）推广区块链贸易融资平台。

意义：中国人民银行是区块链落地的积极推行者，将区块链用于跨境贸易融资，不仅降低了企业融资成本和银行风控成本，而且有利于探索区块链降低信用成本，探索区块链在供应链融资中的应用。

更重要的是，这是中国人民银行从区块链理论研究到落地应用的首个案例，区块链贸易融资平台已经初步证明区块链的应用价值，对于政府认知和应用区块链具有重要意义。

7. 区块链公司拥抱全球资本市场

背景：2019年1月25日，OK集团正式完成了对前进控股集团（LEAP Holdings Group Limited01499. HK）控股权的收购，双方共同发布了经香港证监会审核的联合公告。

9月10日，火币收购桐成控股（01611. HK）公告宣布拟将中文名称更名为“火币科技控股有限公司”，英文名称更名为“Huobi Technology Holdings Limited”。

2019年11月21日，嘉楠耘智在美国纳斯达克上市，股票代码“CAN”，成为“全球区块链第一股”。

意义：中国区块链行业创业潮涨起于2013年，经过6年的艰苦创业，行业头部企业已经在2019年初具雏形。更重要的是，随着区块链头部企业的陆续上市，区块链行业不再是边缘的小众行业，而成为传统资本市场和主流资本接受的行业。这意味着，未来会有更多资本和优秀人才进入区块链行业，这都将有利于区块链行业的长远健康发展。

8. 最高人民法院推广区块链司法存证

背景：2019年6月14日，《区块链司法存证应用白皮书》发布，该白皮书由最高人民法院信息中心指导，中国信息通信研究院和上海市高级人民法院牵头，介绍了区块链电子数据存证的特点和系统设计原则。12月4日，最高人民法院发布的《中国法院的互联网司法》白皮书显示，截至2019年10月31日，全国共完成超过1.94亿条数据上链存证固证，支持链上取证核验。

意义：区块链司法存证能否被推广，关键在于法院是否认可区块链存证的法律效力。区块链司法存证有利于降低司法成本、提升司法效率。数据显示，在法院受理的案件中，合同纠纷案件占比较高。通过区块链存证，法院能够迅速确定原始合同版本，进而可以依据合同内容，快速做出判决。

9. 网信办发布区块链信息服务备案名单

背景：2019 年 1 月 10 日，国家互联网信息办公室（以下简称“网信办”）正式公布了《区块链信息服务管理规定》（以下简称《规定》），自 2019 年 2 月 15 日《区块链信息服务管理规定》正式实施以来，网信办依法依规组织开展备案审核工作，于 2019 年 3 月和 10 月发布两批境内区块链信息服务名称及备案编号，第一批共 197 个，第二批共 309 个。

意义：这是我国区块链行业走向合法合规的基础。备案仅是对区块链信息服务相关主体情况的登记，不代表对其机构、产品和服务的认可，任何机构和个人不得用于任何商业目的。

10. “挖矿”从淘汰产业目录中被剔除

背景：2019 年 4 月 8 日，国家发改委形成了《产业结构调整指导目录（2019 年本，征求意见稿）》，将加密货币挖矿添加至一份拟取消的约 450 个行业清单中。2019 年 10 月 30 日，国家发改委修订发布了《产业结构调整指导目录（2019 年本）》，自 2020 年 1 月 1 日起施行，从淘汰目录中删除了有关“虚拟货币挖矿”的条目。

意义：尽管 ICO 在中国被明令禁止，但作为区块链的首个应用，比特币在中国只是被定义为虚拟商品，而非违禁商品。由于比特币可能被用于洗钱等灰色途径，所以中国人民银行对于比特币的监管仍持续加压。不违法但有合规压力，挖矿产业正处于尴尬的中间地带。这次加密货币挖矿在产业目录中现而复失，折射了加密货币挖矿仍处于监管观察期。如何拥抱监管，成为加密货币挖矿业接下来将面临的关键问题。

（来源：中国区块链应用研究中心，https：//www. sohu. com/371397070-781358，2020 年 1 月 11 日）

2020年区块链产业年度大盘点

1. 中国人民银行DC/EP分两批试点投放3000万红包

从10月9日深圳开启抽签报名通道开始，至12月11日苏州随机发放数字红包结束，中国人民银行DC/EP已经同时测试了线下和线上的消费场景。这表明稳步推进数字人民币的计划，已经从小范围封闭测试进入了大范围开放测试。相比于全球化的比特币、Libra等跨国界的原生数字货币，数字人民币主场在国内，试点也集中在小额、高频、零售的应用场景，而区块链原生数字货币由于其不断高涨的手续费，已经基本退出了小额高频支付场景。

早在8月24日，国际清算银行（BIS）发表题为《中央银行数字货币的崛起：驱动因素、方法和技术》的工作报告。报告认为，中央银行数字货币将极大改变人类未来的支付以及生活方式。在全球诸多经济体中，中国人民银行的数字货币DC/EP走在全球最前列。

2. 美国将区块链列入关键技术清单

10月，美国国家安全委员会发布《关键与新兴技术国家战略》（*National Strategy for Critical and Emerging Technology*）报告，分布式账本技术（distributed ledger technology，DLT）便是其中之一。从概念上来说，分布式账本和区块链是两个独立的概念，区块链是分布式账本技术的一种实现形式，或者说区块链技术是分布式账本技术的一个子集，不过目前两者基本是指同一种技术。报告认为催生区块链和加密货币的“分布式账本技术”是需要重点关注的关键和新兴技术之一，以确保美国在全球技术处于领导者地位。美国智库曾提出数字货币区（Digital Currency Areas）理论，认为数字货币和法币会有强大竞争关系，并且会因为这种全球竞争，导致国际金融体系更加分裂。美国此次动作意味着，区块链是被列入美国国家安全级别的关键技术，美国需要大力发展这些科技，不再提供这些技术给竞争对手。也就是说，美国的区块链核心技术将不再免费开源。这对于“分叉”而来的区块链项目来说是个噩梦，“分叉”开发团队只需修改优化目标开源项目，而无须改变目标项目成熟的底层架构和代码体系，即可发行自己的项目。但是，对于区块链技术高度自主创新的企业来说，却是很大的利好，因为“分叉”项目停滞不前，很快将变成无源之水，自主开发尽管艰难缓慢，但可以稳步前行。

3. Facebook 数字货币 Libra 更名为 Diem

12 月初，Facebook 官网发布，原本拟推出的超主权数字货币 Libra 更名为 Diem，以强调其更为简单的结构。监管机构对 Libra 项目早期方案的反映不佳，因此大规模调整了原定方案。Diem 的目标是先推出单一由美元支持的数字代币。其数字钱包也更名为 Novi（此前名为 Calibra）。2019 年 6 月 Libra 发布白皮书，引起了国内金融机构、区块链企业和学者的广泛讨论，讨论的焦点集中在 Libra 可能会影响金融稳定、侵蚀对货币政策的控制并威胁隐私。从监管角度来看，Libra 的设计和技术路线将给国际货币体系带来巨大的不确定性，以美国为主的西方国家的利益无法得到保证。此次更名并不是技术的倒退，反而是监管与技术之间达成了某种妥协，美国已经将 Libra 看作一种新型货币战争的工具，对其进行立法和部署。与此同时，Libra 仍然在不断前进，结算速度已能实现每秒 8 万次，功能和性能方面处于世界领先水平。扫清了监管障碍后，新型数字经济体 Diem 即将登上世界舞台，未来新型的货币格局加速来临。

4. Libra 2.0 白皮书宣布币链分离、弃币保链

4 月，Libra 2.0 白皮书发布，其中增加了大量关于合规方面的设计，决定放弃向无许可系统的过渡。尽管很多区块链技术粉丝看到这份报告后，认为是“历史的倒退”“背叛了理想”，但是其打破了数字货币和数字货币平台绑定的固有认知。包括 IMF 和各国央行在内的此前研究都没能跳出这个框架。Libra 宣布其平台可以处理多个币，若一个国家选择在发展自

己的央行数字货币（Central Bank Digital Currencies，CBDC），脸书（Facebook）就放弃 Libra 在该国的流通，并利用 Libra 的链平台协助该国发展自己的 CBDC。Libra 2.0 白皮书清楚地表示 Libra 是以平台而不是以数字货币为竞技场。目前的理论研究过于关注数字货币，没有考虑到平台的重要性，货币竞争需要包含数字货币竞争和平台竞争。Libra 2.0 争取的是数字货币平台的建立，而不是竞争平台上运行的数字货币。这种设计更容易获得监管的谅解，也更切中未来数字货币竞争的本质，设计得非常巧妙。

5. 支付巨头 PayPal 宣布支持加密数字货币支付

10 月，PayPal 宣布加入加密货币市场，允许客户使用其在线钱包购买、出售和持有比特币及其他加密货币。从 2021 年初开始，PayPal 客户还将能够使用加密货币在其网络上的 2600 万商户上进行购物。PayPal 上的加密货币付款将使用法定货币（美元）结算，商家将不会以加密货币形式接收付款。PayPal 希望该服务将鼓励加密货币在全球范围内使用，并为由央行和企业开发的新的数字货币做好准备。PayPal 在全球拥有 3.46 亿活跃账户，并在 2020 年第二季度处理了 2220 亿美元的付款。PayPal 是 Libra 协会的首批成员之一，但在几个月后宣布退出。PayPal 已经从纽约州金融服务部获得了第一个有条件的加密货币许可证。加密货币价格大幅的波动性，对投机者具有吸引力，对购物体验来说并不好，PayPal 此举对加密货币来说是重大利好，PayPal 可能将逐步成为事实上全球最重要的加密货币交易所。

6. 区块链被中国“正式”纳入新基建信息基础设施范畴

4 月 20 日上午，国家发展改革委召开 4 月例行新闻发布会。会议明确了近期被热议的新基建范围，“区块链”正式位列新型基础设施中的信息基础设施。作为数据安全传输的保障，区块链技术让数据难以篡改、可溯源、可共治等，在城市数字化进程中可发挥自身的属性优势，进而在包括新基建在内的众多垂直行业，探索新应用落地。这对于区块链产业是一次重大利好，新基建所带来的东风将会给区块链技术的发展提供巨大的动力。这也意味着我国区块链技术标准化进程将会加速，区块链将在更多场景、行业和产业中得到应用。

7. 银行函证区块链服务平台发布

12 月 18 日，银行函证区块链服务平台（Blockchain Platform for Bank Confirmations，BPBC）正式发布。平台由中国银行业协会和中国注册会计师协会推动建设，目前已有 100 余家银行、数十家会计师事务所申请接入该平台。平台应用层主要基于工银玺链，提供了函证申请、函证分发、函证回函、合规检查、统计分析、数据驾驶舱等功能模块。我国银行业的数字化转型之路就是开放银行，区块链技术提供了数据开放的安全基础，此次平台上线，说明国有大行在中低层技术领域取得了重大的成果。工银玺链的技术是自主开发的，相比基于单一技术模块或开源技术的底层，BPBC 采用的技术架构更加安全。函证数字化是开放银行之路取得的重要进展，通过银行网络赋能，减少关联方的人工介入程度，增强风险管控，降低数据错漏和舞弊风险。平台另一大亮点是数据可用不可见，只保留函证传输过程信息，不保留函证数据信息，注重信息的隔离与保密，确保银行及事务所数据安全。

8. IMF 发布跨境支付报告《跨境支付的数字货币：宏观金融的影响》

国际货币基金组织（IMF）已经连续多年发布数字货币相关的深度报告，从 2016 年认为数字货币具备改变金融的潜力，到 2019 年深入对比分析数字货币的崛起，再到 2020 年全方位审视宏观金融格局将发生的改变。技术对世界的改变总是在看不见的地方潜移默化地进行着，回顾近期的进展，总是让人惊叹。这一系列报告记录了我们关于数字货币的认知正在经历快速的升级和迭代，每隔一段时间都会对原有认知进行全面的颠覆。

9. 比特币价格创新高至 24220 美元，年内倍差超 6 倍

目前比特币依然是区块链技术最大且影响最广泛的产品，回顾这一年的行情，价格低点在 3 月份的 3783 美元，价格高点在 12 月份。灰度另类投资基金的入局成为最大的行情推动力量，其 6 个月至 12 个月的锁定期，

保证了一段时间的单边行情，其被认为为是“全球最大的比特币持有机构”。目前看多的理由主要集中在投资需求，并有证据表明华尔街传统金融公司也已经纷纷涉足这个领域，毕竟2020年的历史战绩相当有说服力。数字加密货币投资，成为做多科技股和做空美元之后的第三个热门方向。

然而，我们查阅各种分析报告也找不到除了资本炒作之外的理由支持其价格上涨。还记得历史上那些著名的泡沫吗？这次的泡沫是分布式的，可能要比大神巴菲特预计的要持续得更久一些。据统计，2016年以来，比特币累计下跌20%及以上的情况有10次，下跌30%及以上的情况有7次，跌幅超过48%的情况有4次。

10. 中国香港发出首张加密数字货币牌照

12月15日BC科技集团（863. HK）旗下OSL交易所宣布，获得香港证券及期货监察委员会颁发的首个虚拟资产牌照，牌照类型为第1类证券交易和第7类提供自动化交易服务。这意味着香港发出了第一张加密数字货币牌照。平台正式上线后，客户可通过OSL的安全合规平台交易高素质加密货币，包括比特币（BTC）、以太坊（ETH）以及通过严格筛选的证券型代币（STOs）。对于内地个人投资者而言，OSL的牌照无法对散户提供服务，只能面向专业投资者或机构，如果是个人，则资产不能少于800万港币，机构资产不少于4000万港币。对个人而言，还需要有香港银行账户并且只能使用港币交易。与日本、新加坡不同的是，中国香港目前依然没有专门针对虚拟资产行业的法律体系，而是在现有的金融服务牌照基础上，为申请虚拟资产牌照的公司颁发虚拟资产框架内的对应牌照。

（来源：金色财经，https：//www. jinse. com/news/blockchain/1962566. html）

附录三　全国及各省（区、市）区块链产业政策汇总

一、国家层面区块链相关政策汇总

区块链技术是一种通用性术，目前，我国对区块链的应用已延伸到数字金融、智能制造、互联网、数字资产交易等多个领域。自2016年以来，国家相继出台了多项关于区块链发展的政策，引导区块链技术不断进步。2020年，区块链被纳入“新基建”范畴，区块链应用落地的步伐正在加快。

2016年，国务院发布《“十三五”国家信息化规划》首次将区块链纳入新技术范畴并作前沿布局，标志着我国开始推动区块链技术的应用发展。随后，各地接连出台区块链相关政策，为区块链的发展提供了良好的环境。

2019年2月，国家互联网信息办公室发布的《区块链信息服务管理规定》（以下简称《规定》）正式施行，规范了我国区块链行业发展的备案依据。出台《规定》旨在明确区块链信息服务提供者的信息安全管理责任，规范和促进区块链技术及相关服务健康发展，规避区块链信息服务安全风险，为区块链信息服务的提供、使用、管理等提供有效的法律依据。本次《规定》的出台也意味着我国对于区块链信息服务的“监管时代”正式来临。

2019年10月底，中共中央政治局就区块链技术发展现状和趋势进行了第十八次集体学习，明确强调把区块链作为核心技术自主创新的重要突

破口，加快推动区块链技术和产业创新发展。这充分表明了区块链技术已上升到了国家高度。在中央政治局集体学习上做讲解的浙江大学教授、中国工程院院士陈纯，10 月 12 日在由中国计算机学会主办的 2019CCF 区块链技术大会上表示，国内区块链产业发展正迎来“春风”，中国区块链技术的研究热点将集中于联盟区块链的关键技术、区块链监管技术两个方面。

附表 3-1　截至 2020 年 10 月国家层面区块链政策汇总

政策方向	发布时间	发布部门	政策名称	政策主要内容
技术	2016 年 10 月	工业和信息化部	《中国区块链技术和应用发展白皮书（2016）》	总结了国内外区块链发展现状和典型应用场景，介绍了中国区块链技术发展路线图以及未来区块链技术标准化方向和进程
	2016 年 12 月	国务院	《国务院关于印发“十三五”国家信息化规划的通知》	“区块链”首次被作为战略性前沿技术写入规划。加强量子通信、未来网络、类脑计算、人工智能、全息显示、虚拟现实、大数据认知分析、无人驾驶、区块链等新技术的创新、试验和应用
	2017 年 1 月	商务部	《商务部关于进一步推进国家电子商务示范基地建设工作的指导意见》	推动示范基地创业孵化，促进大数据、云计算、物联网、人工智能、区块链技术的创新应用
	2017 年 7 月	国务院	《国务院关于印发新一代人工智能发展规划的通知》	促进区块链技术与人工智能的融合，建立新型社会信任体系，最大限度降低人际交往成本和风险
	2017 年 8 月	国务院	《国务院关于进一步扩大和升级信息消费持续释放内需潜力的指导意见》	提升信息技术的服务能力，鼓励利用开源代码开发个性化软件，开展基于区块链、人工智能等新技术的试点应用
	2018 年 6 月	工业和信息化部	《工业互联网发展行动计划（2018—2020 年）》	鼓励推进边缘计算、深度学习、区块链等新兴前沿技术在工业互联网的应用研究
	2018 年 10 月	国务院	《国务院关于印发“十三五”国家信息化规划的通知》	将积极构建完善区块链标准体系，加快推动重点标准研制和应用推广，逐步构建完善的标准体系

续表

政策方向	发布时间	发布部门	政策名称	政策主要内容
应用	2017 年 8 月	商务部、财政部	《商务部办公厅　财政部办公厅关于开展供应链体系建设工作的通知》	重点推进二维码、无线射频识别（RFID）、视频识别、区块链、Cs1、对象标识符（OID）、电子结算和第三方支付等应用，推动追溯系统创新升级
	2017 年 9 月	中国保险监督管理委员会	《偿二代二期工程建设方案》	跟踪云计算、大数据、人工智能、区块链等金融科技的发展趋势，开展监管科技的应用研究，积极探索新科技条件下新型的保险业审慎监管
	2017 年 10 月	国务院办公厅	《国务院办公厅关于积极推进供应链创新与应用的指导意见》	提出要研究利用区块链、人工智能等新兴技术，建立基于供应链的信用评价机制
	2017 年 11 月	国务院	《国务院关于深化“互联网+先进制造业”发展工业互联网的指导意见》	促进边缘计算、人工智能、增强现实、虚拟现实、区块链等新兴前沿技术在工业互联网中的研究和探索
	2017 年 11 月	商务部办公厅、国家标准委办公室	《商务部办公厅　国家标准委办公室关于印发网络零售标准化建设工作指引的通知》	针对网络零售快速创新和跨界经营的特点，加强对分享经济、跨境电商、社交电商等新模式，人工智能、虚拟现实、区块链等新技术，无人商店、无人机送货、近场支付等新服务的推动，形成研究成果
	2017 年 12 月	国家邮政局	《国家邮政局关于推进邮政业服务“一带一路”建设的指导意见》	与沿线国家交流邮政业和互联网、大数据、云计算、人工智能及区块链等融合发展的经验，联合开展科技应用示范
	2018 年 1 月	国家知识产权局	《国家知识产权局关于印发知识产权重点支持产业目录（2018 年本）的通知》	《目录》确定了 10 个重点产业，细化为 62 项细分领域，明确了国家重点发展和亟须知识产权支持的重点产业，有利于各部门、地区找准知识产权支撑产业发展中的发力点、高效配置知识产权资源、协同推进产业转型升级和创新发展。《目录》第 2.76 章为区块链
	2018 年 2 月	工业和信息化部办公厅	《工业和信息化部办公厅关于组织开展信息消费试点示范项目申报工作的通知》	积极探索利用区块链技术开展信息物流全程监测，推进物流业信息消费降本增效

续表

政策方向	发布时间	发布部门	政策名称	政策主要内容
应用	2018年4月	教育部	《教育部关于印发教育信息化2.0行动计划的通知》	提出积极探索基于区块链、大数据等新技术的智能学习效果记录、转移、交换、认证等有效方式，形成泛在化、智能化学习体系，推进信息技术和智能技术深度融入教育教学过程，打造教育发展国际竞争新增长极
	2019年8月	国务院	《中共中央　国务院关于支持深圳建设中国特色社会主义先行示范区的意见》	提高金融服务实体经济能力，研究完善创业板发行上市、再融资和并购重组制度，创造条件推动注册制改造；支持在深圳开展数字货币研究与移动支付等创新应用；促进与我国香港和澳门金融市场互联互通和金融（基金）产品互认；在推进人民币国际化上先行先试，探索创新跨境金融监管
其他	2016年12月	工业和信息化部	《工业和信息化部关于印发软件和信息技术服务业发展规划（2016—2020年）的通知》	提出区块链等领域创新达到国际先进水平等要求
	2017年7月	工业和信息化部	《工业和信息化部关于开展2017年电信和互联网行业网络安全试点示范工作的通知》	网络安全创新应用，应用云计算、大数据、人工智能、区块链、机器学习以及安全可靠的密码算法等技术，明显提升网络安全防护、威胁预警、事件处置的效果，提高网络安全技术保障水平
	2018年3月	工业和信息化部	《2018年信息化和软件服务业标准化工作要点》	提出推动组建全国信息化和工业化融合管理标准化技术委员会、全国区块链和分布式记账技术委员会
	2019年11月	工业和信息化部	《对十三届全国人大二次会议第1394号建议的答复》	推动成立全国区块链和分布式记账技术标准化委员会，体系化推进标准制定工作。加快制定关键急需标准，构建标准体系
监管	2017年8月	中国互联网金融协会	《关于防范各类以ICO名义吸收投资相关风险的提示》	国内外部分机构采用各类误导性宣传手段，以ICO名义从事融资活动，相关金融活动未取得任何许可，其中涉嫌诈骗、非法证券、非法集资等行为

续表

政策方向	发布时间	发布部门	政策名称	政策主要内容
监管	2017 年 9 月	互联网金融专项整治工作领导小组办公室	《关于对代币发行融资开展清理整顿工作的通知》	全面停止新发行代币发行融资活动，建立代币发行融资的活动监测机制，防止死灰复燃；对已完成的 ICO 项目要进行逐案研判，针对大众发行的要清退，打击违法违规行为
	2018 年 1 月	中国互联网金融协会	《关于防范境外 ICO 与“虚拟货币”交易风险的提示》	警惕投资者尤其要防范境外发币机构由于缺乏防范，存在系统安全、市场操纵和洗钱等风险，同时也指出，为“虚拟货币”交易提供支付等服务的行为均面临政策风险，投资者应主动强化风险意识，保持理性
	2018 年 1 月	中国人民银行营业管理部（支付结算处）	《关于开展为非法虚拟货币交易提供支付服务自查整改工作的通知》	通知要求各单位及分支机构开展自查整改工作，严禁为虚拟货币交易提供服务，通过财务措施防止支付通道用于虚拟货币交易
	2019 年 1 月	国家互联网信息办公室	《区块链信息服务管理规定》	区块链信息服务提供者和使用者不得利用区块链信息服务从事危害国家安全、扰乱社会秩序、侵犯他人合法权益等法律行政法规禁止的活动
				规范了我国区块链行业发展所发布的备案依据。本次“管理规定”的出台也意味着我国对于区块链信息服务的“监管时代”正式来临
	2019 年 3 月	国家互联网信息办公室	《国家互联网信息办公室关于发布第一批境内区块链信息服务备案编号的公告》	公开发布了第一批共 197 个区块链信息服务名称及备案编号。清单中的公司背后是互联网公司、金融机构、事业单位和上市公司等。其中区块链技术平台、溯源、确权、防伪、供应链金融等是为重点方向
	2019 年 10 月	全国人大常委会	《中华人民共和国密码法》	《中华人民共和国密码法》自 2020 年 1 月 1 日起施行。旨在规范密码应用和管理，促进密码事业发展，保障网络与信息安全，提升密码管理科学化、规范化、法治化水平，是我国密码领域的综合性、基础性法律

政策方向	发布时间	发布部门	政策名称	政策主要内容
产业	2017 年 1 月	国务院办公厅	《国务院办公厅关于创新管理优化服务　培育壮大经济发展新动能　加快新旧动能接续转换的意见》	营造有利于跨界融合研究团队成长的氛围，创新体制机制，突破圆锁和学科管理限制，在人工智能、区块链、能源互联网、智能制造、大数据应用、基因工程、数字创意等交叉融合领域，构建若干产业创新中心和创新网络
	2017 年 3 月	工业和信息化部	《工业和信息化部关于印发云计算发展三年行动计划（2017—2019 年）的通知》	开展大数据、物联网、人工智能、区块链等技术、新业务的研发和产业化
	2020 年 4 月	国家发展和改革委员会	—	国家发展改革委发布了新基建的范畴，在此前“5G、大数据中心、人工智能、工业互联网、特高压、城际高铁和轨道交通、新能源充电桩”七大领域外，新增了卫星互联网和区块链

注：上述文件来源于中国政府网，商务部、工业和信息化部等各大部委官网，以及各个发布单位的官方网站。

二、2018—2020 年地方层面区块链相关政策汇总

区块链的价值在我国各地得到前所未有的肯定和重视，截至 2020 年 10 月，全国有北京、上海、江苏、湖南、浙江等多个省（区、市）发布了区块链相关指导政策，已有 22 个省（区、市）将区块链写入 2020 年《政府工作报告》，不仅涵盖北京、上海、广州，重庆、甘肃等中西部省（区、市）也已将区块链视为经济弯道超车的新赛道。

2020 年以来，全国多个省（区、市）先后出台区块链专项发展政策，除湖南、贵州、海南等省级行政区外，广州、宁波、南京等副省级市也发布了相应的区块链规划，都明确了具体的落地应用领域和行动指南。在各地区块链政策的促进下，区块链产业加速发展。

附表 3-2　2018—2020 年地方层面区块链相关政策汇总

政策方向	发布时间	发布部门	政策名称	政策主要内容
北京市	2018 年 11 月	中关村科技园区管理委员会、北京市金融工作局、北京市科学技术委员会	关于印发《北京市促进金融科技发展规划（2018 年—2022 年）》的通知	将区块链纳入北京“金融科技”发展规划的范畴
	2018 年 12 月	北京市西城区人民政府、中关村科技园区管理委员会、北京金融街服务局	《北京市西城区人民政府 中关村科技园区管理委员会、北京金融街服务局印发关于支持北京金融科技与专业服务创新示范区（西城区域）建设若干措施的通知》	要大力扶持金融科技应用示范，倡导安全、绿色、普惠金融服务，对人工智能、区块链、量化投资、智能金融等前沿技术创新，最高给予 1000 万元资金奖励
河北省	2018 年 2 月	河北省人民政府	《河北省人民政府关于加快推进工业转型升级建设现代化工业体系的指导意见》	提出要积极培育发展区块链等未来产业
	2018 年 2 月	河北省人民政府	《河北省战略性新兴产业发展未来三年行动计划》	支持开展海量数据存储、集群资源调度、计算资源虚拟化、区块链等前沿技术研发
	2018 年 4 月	河北省人民政府	《河北雄安新区规划纲要》	超前布局区块链、太赫兹、认知计算等技术研发及试验
湖南省	2018 年 6 月	长沙经济技术开发区管委会	《长沙经济技术开发区管委会关于印发〈长沙经济技术开发区关于支持区块链产业发展的政策（试行）〉的通知》	区块链企业自落户之日起，3 年内给予最高 200 万元的扶持资金，为入驻区块链企业提供不超过 300 平方米的办公场地，免租 3 年；将设立总额 30 亿元的区块链产业基金，投资区块链企业
湖北省	2018 年 5 月	东湖高新区	《加快推动高质量发展的实施意见》（征求意见稿）	推进人工智能、大数据、云计算、物联网等产业交叉创新和跨界融合，培育新的人工智能、VR/AR，智能网联汽车、区块链等新业态
福建省	2018 年 1 月	福建省人民政府办公厅	《福建省人民政府办公厅关于加快全省工业数字经济创新发展的意见》	鼓励企业加入开源社区，利用国际开源技术资源进行再创新，推动区块链在社会治理、资产管理、公示公证、社会救助、知识产权、工业检测存证等领域的应用

续表

政策方向	发布时间	发布部门	政策名称	政策主要内容
福建省	2018 年 4 月	福建省人民政府	《福建省人民政府关于深化“互联网+先进制造业”发展工业互联网的实施意见》	加强利用区块链等技术，加强产业技术支撑
	2018 年 12 月	福建省人民政府办公厅	《福建省人民政府办公厅关于印发福建省口岸通关进一步提效降费促进跨境贸易便利化实施方案的通知》	应用区块链技术，实现主要国际贸易环节、主要运输工具、主要进出口商品全覆盖，实现一点接入、一次提交、一次检查、一键跟踪和一站办理
江西省	2018 年 1 月	江西省人民政府	《江西省人民政府关于印发赣江新区建设绿色金融改革创新试验区实施细则的通知》	推广运用大数据、云计算、区块链等金融科技，服务绿色金融发展
	2018 年 8 月	江西省人民政府	《江西省人民政府关于深化“互联网+先进制造业”发展工业互联网的实施意见》	加强重大技术攻关，加快边缘计算、人工智能、区块链等新兴前沿技术在工业互联网中的应用研究和探索，形成一批自主知识产权的核心技术
山东省	2018 年 7 月	山东省委、省政府	《关于开展质量提升行动的实施方案》	积极探索区块链技术在质量体系建设中的应用
广东省	2017 年 8 月	深圳市经济贸易和信息化委员会	《市经贸信息委关于组织实施深圳市战略性新兴产业新一代信息技术信息安全专项 2018 年扶持计划的通知》	文件表明，区块链属于扶持领域之一，按投资计算，单个项目资助金额不超过 200 万元，资助金额不超过项目总投资的 30%
	2019 年 10 月	广州市黄埔区工业和信息化局、广州开发区经济和信息化局	《广州市黄埔区工业和信息化局　广州开发区经济和信息化局关于印发广州市黄埔区　广州开发区加速区块链产业引领变革若干措施实施细则的通知》	对提供区块链示范项目信息服务的企业或机构，区块链应用示范累计建设达到 30 个节点、50 个节点以上且有效交易量累计达到 1000 笔、5000 笔以上，一次性给予奖励 30 万元、50 万元
广西壮族自治区	2018 年 8 月	广西壮族自治区人民政府办公厅	《广西壮族自治区人民政府办公厅关于印发广西数字经济发展三年行动计划（2018—2020 年）的通知》	探索区块链技术应用场景，推动区块链与数据交易、金融、物流、医疗、能源等行业的广泛深度融合，促进区块链专业服务加快发展
	2018 年 9 月			重点培育发展大数据、云计算、人工智能、物联网、区块链、集成电路、智能终端制造、软件和信息技术、北斗卫星导航等数字产业，超前布局未来网络等新兴前沿领域

续表

政策方向	发布时间	发布部门	政策名称	政策主要内容
吉林省	2018 年 5 月	吉林省人民政府	《关于加快引进和培育我国区块链产业的建议》	区块链技术作为一个迭代性的重大创新技术正在加速推进数字经济发展
	2018 年 8 月	中共长春市委长春市人民政府	《中共长春市委长春市人民政府关于加快数字长春建设推动老工业基地全面振兴发展的意见》	持续推进互联网、区块链、大数据、人工智能、云计算等与实体经济广泛深度融合，积极培育新功能、新模式、新业态和新产品，重点加快企业云平台和工业互联网平台建设
辽宁省	2018 年 2 月	辽宁省人民政府办公厅	《辽宁省人民政府办公厅关于积极推动供应链创新与应用的实施意见》	研究利用区块链等技术，建立和完善基于区块链的信用评价制度和行业信用评估标准
陕西省	2018 年 3 月	咸阳市人民政府办公室	《咸阳市人民政府办公室关于加强智慧医疗建设和应用工作的实施意见》	咸阳市卫生局、市信息办要积极探索基于区块链技术的数字医疗技术与服务
	2018 年 8 月	西安市人民政府	《西安市推进企业上市和并购重组“龙门行动”计划（2018—2021 年）》	大力支持以区块链等新技术为代表的上市挂牌科技企业创新发展，打造科创企业金融孵化“硅谷”
甘肃省	2018 年 1 月	甘肃省人民政府办公厅	《甘肃省人民政府办公厅关于积极推进供应链创新与应用的实施意见》	研究利用区块链等技术，建立和完善基于区块链的信用评价机制
				要求推进研究利用区块链、人工智能等新兴技术，建立基于供应链的信用评价机制
	2018 年 6 月	甘肃省人民政府办公厅	《甘肃省人民政府办公厅印发关于甘肃省节能环保产业专项行动计划的通知》	借助区块链等新技术，加速互联网与节能环保产业实体经济融合
青海市	2018 年 11 月	青海省人民政府办公厅	《青海省人民政府办公厅关于印发 2018 年全省重大前期项目工作责任分工的通知》	主要围绕加快信息化深度融合发展，重点推进完善有线接入网络、无线网络覆盖与优化、柴达木区块链技术数据中心、海南州大数据产业园等项目建设
四川省	2018 年 7 月	四川省委	《关于积极探索区块链技术发展应用的决定》	抢占数字经济发展制高点。积极探索增强现实（AR）、区块链技术发展应用
	2018 年 8 月	成都市信息化工作领导小组办公室	《成都市信息化工作领导小组办公室关于印发成都市网络信息安全产业发展规划（2018—2022 年）的通知》	成都市将适时制定云计算、人工智能、区块链等新兴领域安全产业发展专线政策，在企业设立、投融资、税收、人才引进等方面给予优惠

续表

政策方向	发布时间	发布部门	政策名称	政策主要内容
上海市	2018 年 1 月	上海市教育委员会	《上海市教育委员会关于印发 2018 年上海市教育工作要点的通知》	推荐基于人工智能和区块链技术的教育示范应用
	2018 年 9 月	杨浦区	《促进区块链发展的若干政策规定（试行）》	对区块链行业的发展给出了 12 条政策性支持，包括开办费补贴、办公用房补贴、联盟支持、融资支持等，有效期为 3 年
江苏省	2018 年 9 月	中共南京市委、南京市人民政府	《中共南京市委　南京市人民政府关于印发南京市优化营商环境 100 条的通知》	将完善金融信用服务，在“我的南京”APP 上，建设科技区块链金融征信平台
浙江省	2018 年 2 月	杭州市人民政府办公厅	《杭州市人民政府办公厅关于印发杭州城东智造大走廊发展规划纲要的通知》	加快区块链层架构协议、底层技术、共识算法等技术的开发和应用，打造全球性区块链研发和应用、技术迭代及更新、人才交互、信息共享平台
	2018 年 4 月	浙江省人力资源和社会保障厅	《浙江省人力资源和社会保障厅关于公布高层次人才项目推荐选拔重点产业领域引导目录的通知》	引导杭州在新能源汽车、云计算大数据、机器人、信息安全、虚拟现实、区块链、3D 打印、集成电路等 33 个产业领域，大力引进高层次人才
安徽省	2018 年 2 月	安徽省人民政府	《安徽省人民政府关于进一步扩大和升级信息消费持续释放内需潜力的意见》	开展基于区块链、人工智能等新技术的试点应用，加快在工业控制、智能工厂等新兴领域的发展
	2018 年 4 月	安徽省人民政府	《安徽省人民政府关于深化“互联网+先进制造业”发展工业互联网的实施意见》	促进边缘计算、人工智能、增强现实、虚拟现实、区块链等新兴前沿技术在工业互联网中的应用研究与探索
云南省	2019 年 10 月	昆明市人民政府	《昆明市人民政府关于印发昆明市关于支持数字经济发展的若干政策措施（试行）的通知》	支持企业围绕智慧城市、未来社区、地铁、高铁等重大工程建设，开展区块链、物联网、自动驾驶、健康医疗、智慧城市、超高清视频应用等典型场景的示范应用
贵州省	2018 年 2 月	贵州省人民政府	《省人民政府关于印发贵州省实施“万企融合”大行动打好“数字经济”攻坚战方案的通知》	加快壮大物联网、人工智能、共享经济、区块链等新业态，优化实体经济结构，提升基于供应链信用评级机制
	2018 年 4 月	贵州省人民政府办公厅	《省人民政府办公厅关于积极推进供应链创新与应用的实施意见》	鼓励利用区块链、人工智能等新兴技术，建立基于供应链的信用评级机制

续表

政策方向	发布时间	发布部门	政策名称	政策主要内容
重庆市	2018 年 3 月	重庆市人民政府办公厅	《重庆市人民政府办公厅关于贯彻落实推进供应链创新与应用指导意见任务分工的通知》	研究利用区块链、人工智能等新兴技术，建立基于供应链的信用评价机制
	2018 年 6 月	重庆市渝中区	《渝中区以大数据智能化为引领的创新驱动发展战略行动计划实施方案》	重点发展大数据、人工智能等 12 项智能产业，大力推动智能制造和工业互联发展
	2018 年 12 月	重庆市人民政府办公厅	《重庆市人民政府办公厅关于开展中小企业商业价值信用贷款改革试点工作的通知》	利用大数据、区块链等技术探索创新中小企业商业价值评价体系，不断丰富和完善商业价值信用贷款的应用场景；利用防火墙、区块链等先进技术记录涉企数据来源、走向、运用及输出痕迹，建立涉企数据安全保密责任制度，制定数据泄密应急处置预案，有效应对突发事件和经济情况
香港	2018 年 2 月	香港证监会	《证监会告诫投资者防范加密货币风险》	涉及 ICO 的数字货币将被认为是证券，将纳入监管
	2018 年 11 月	香港证监会	《香港证监会对虚拟资产最新的监管方针》	加密货币相关基金和销售平台，只可向展业投资者销售，需要在香港证监会注册；在沙盒试验验证可行后，香港证监会或有可能向加密货币交易所颁发牌照
	2019 年 11 月	香港证券及期货事务监察委员会	《立场书：监管虚拟资产交易平台》和《有关虚拟资产期货合约的警告》	纳入监管的仅包括交易证券型代币的平台，且对 KYC、AML 以及平台安全的门槛较高；用户端方面，只有合格的投资者可以参与
澳门	2018 年 6 月	澳门特别行政区金融管理局	《关于 ICO 私募的警告》	加密货币存在“欺诈和犯罪活动”的可能性。澳门金融管理局提醒所有澳门居民，加密货币是虚拟产品，但不是法定货币或金融工具。居民应该知道与加密货币有关的欺诈和犯罪活动

续表

政策方向	发布时间	发布部门	政策名称	政策主要内容
台湾	2018 年 6 月	台湾“立法院”	推动成立区块链产业自律组织，组建新的议会组织——台湾区块链议会联盟（TPCB）	推动监管框架的出台，以促进区块链行业的健康发展，保护投资者的合法权益
	2018 年 11 月	台湾“立法院”	修订“反洗钱法”“防治恐怖主义融资法”	规定加密货币交易属于现行“洗钱法”的管辖范围。要求虚拟货币平台实名制，银行需要向监管机构报告匿名的“可疑”交易

注：以上信息来源于各地方政府的官方网站。

附表 3-3　2020 年全国各省（区、市）政府工作报告区块链政策汇总

发布地区	政府工作报告中有关区块链的内容
北京市	强化关键核心技术攻关，围绕 5G、半导体、新能源、车联网、区块链等领域，支持新型研发机构、高等学校、科研机构、科技领军企业开展战略协作和联合攻关，加快底层技术和通用技术突破。 推进民生卡“多卡合一”。探索实行基层政务服务大厅周末服务制度。在城市副中心建设智能政务服务大厅。建立以区块链技术为支撑的政务信息资源共享和业务协同机制，开展“秒批”“无感审批”等智能场景应用，实现更多事项全程网办、1000 项事项移动端办理
天津市	壮大制造业。实施战略性新兴产业提升发展行动，培育人工智能、网络安全、大数据、区块链、5G 等一批新兴产业集群。 倾心引育科技型企业。大力支持企业拓展人工智能、大数据、区块链等技术应用场景，加快推进装备首台套、材料首批次、软件首版次产品示范应用
甘肃省	十大生态产业发展多点突破，全省区块链基础平台“数字甘肃、如意之链”已经上线。 加快建设“数字甘肃”。推动区块链产业布局和产业变革，加快拓展区块链在有色金属、文化旅游、通道物流、知识产权等领域的应用场景
上海市	加快智慧城市建设。加快物联网、大数据、人工智能、区块链等信息技术推广应用，实施智慧城市场景开放计划
重庆市	建设“云联数算用”要素集群。建设智能中枢核心能力平台，建设以 AI 计算、区块链等支撑的赋能平台。 推进产业转型升级。实施制造业高质量发展专项行动方案，出台生物医药、区块链、工业互联网等专项政策。 壮大“芯屏器核网”全产业链，提档升级区块链产业创新基地，促进区块链技术和产业创新发展

续表

发布地区	政府工作报告中有关区块链的内容
山东省	山东省制造业基础雄厚，随着5G、云计算、人工智能、大数据、区块链等与制造业深度融合、广泛应用，产业智慧化、智慧产业化必将迸发出澎湃动力。 坚决培育壮大新动能。加快布局“新基建”，年内新开通5G基站4万个，建设省级区块链产业园，在金融科技、电子政务、社会治理等领域，加速场景应用
湖北省	加快产业融合发展。强化大数据、5G、云计算、人工智能、物联网、区块链等新型通用技术引领带动，加快新技术、新产业、新业态、新模式发展应用
湖南省	推动制造业高质量发展，加快制造业数字化、网络化、智能化、绿色化发展，力争在人工智能、区块链、5G与大数据等领域培育形成一批新的增长点。 提升现代服务业发展水平。大力发展数字经济，加快发展基于移动互联网、云计算、区块链、物联网等技术的信息服务
陕西省	推进服务业高质量发展。建设数字经济示范区，推动区块链等数字技术与实体经济深度融合
河北省	只争朝夕转动能。推动数字河北建设，促进人工智能、区块链技术应用及产业发展
安徽省	大力发展数字经济，推动物联网、下一代互联网、区块链等技术和产业创新发展
江西省	提升营商环境竞争力。打造“赣服通”升级版、探索“区块链+无证通办”
广东省	积极发展现代服务业，加快区块链技术和产业创新发展，在金融、民生服务等领域积极推广应用，打造区块链产业集聚区
福建省	努力提升产业基础能力和产业链水平，深化数字福建建设、实施区块链技术创新和产业培育专项行动。 推进数字政府建设，实施“链上政务”工程，提升一体化政务服务平台功能，运用大数据、人工智能、区块链等技术手段进行行政管理，依法保护个人信息
山西省	培育壮大战略性新兴产业，数字产业围绕“网、智、数、器、芯”五大领域，探索“区块链+产业”应用示范
辽宁省	加快发展新兴产业，大力发展数字经济，稳步推进5G通信网络建设，推动人工智能、物联网、大数据、区块链技术创新与产业应用
江苏省	着力培育壮大“三新”经济、加快人工智能、大数据、区块链等技术创新与产业应用，培育壮大新一代信息技术等战略性新兴产业
海南省	提高优势产业效益，做特做强海南生态软件园等重点园区，重点发展游戏出口、智能物联、区块链、数字贸易、金融科技等数字经济产业。继续优化政府职责。运用大数据、云计算、人工智能、区块链等技术手段提升政府效能，推动政务信息及时、公开、共享
青海省	着力发展数字经济。推广应用物联网、云计算、大数据、人工智能等新一代信息技术，释放对数字经济社会发展的放大、叠加和倍增效应

续表

发布地区	政府工作报告中有关区块链的内容
内蒙古自治区	大力发展数字经济，积极布局5G通信应用和大数据、区块链、物联网、人工智能等产业
宁夏回族自治区	加快制造业发展。加快人工智能、物联网、区块链等应用，力促数字经济深度融合、大发展
新疆维吾尔自治区	加快发展现代服务业，推进5G通信网络建设，大力发展云计算、区块链

注：以上信息来源于各地方政府的官方网站。

附表3-4　2020年全国各省（区、市）块链专项发展政策汇总

发布地区	发布时间	名称	内容
湖南省	4月27日	关于印发《湖南省区块链产业发展三年行动计划（2020—2022年)》的通知	力争到2022年，建成10个以上区块链公共服务平台，推动3万家企业上链，建成5个左右区块链产业园，相关产业营业收入达到30亿元，建设成为全国有影响力的区块链技术创新高地、产业集聚洼地和应用示范基地
广州市	5月6日	广州市工业和信息化局关于印发《广州市推动区块链产业创新发展的实施意见（2020—2022年）》的通知	将从区块链技术推进、区块链企业扶持、区块链产业园、区块链落地探索、区块链人才扶持和其他（区块链标准和监管）六个方面抓好区块链技术创新、应用落地、产业发展，推进“建链、上链、用链”工程，打造具有核心竞争力的粤港澳大湾区区块链技术和产业创新发展高地
贵州省	5月9日	《贵州省人民政府关于加快区块链技术应用和产业发展的意见》	到2022年，将建设3~5个区块链开放创新平台及公共服务平台，打造2~3个区块链产业基地，引进培育100户以上成长型区块链企业，形成30个以上行业区块链应用解决方案，推广50个以上区块链典型应用示范
长沙市	5月15日	长沙市人民政府办公厅关于印发《长沙市区块链产业发展三年（2020—2022年）行动计划》的通知	坚持把“应用+产业+生态”作为推进区块链发展的主抓手，立足“五个一”工作重点，即掌握一批核心技术、打造一批应用场景、建成1~2个产业园、引入培育一批行业领军企业、形成一个创新生态闭环，着力推进七大行动，加快形成具有全国影响力的区块链产业集聚基地和示范应用基地
海南省	5月25日	《海南省工业和信息化厅关于印发〈海南省加快区块链产业发展若干政策措施〉的通知》	为加快推动区块链技术和产业创新发展，加快建设海南自贸区（港）区块链试验区，培育打造“链上海南”区块链产业生态，制定了十项政策措施

续表

发布地区	发布时间	名称	内容
福州市	5月26日	《福州高新技术产业开发区管理委员会关于印发加快福州高新区区块链产业发展的三条措施的通知》	在支持优质企业（机构）落地、支持创新示范应用、支持产业平台建设三个方面出台了区块链产业配套扶持措施
宁波市	5月26日	《关于印发〈宁波市加快区块链产业培育及创新应用三年行动计划（2020—2022）〉的通知》	到2025年，打造成为区块链融合应用解决方案和模式的输出地，区块链产业成为数字经济的重要一极，成为全国区块链创新发展水平领先的发展高地
南京市	5月30日	《关于印发〈江北新区（自贸区）促进区块链产业发展若干政策措施〉的通知》	推进江北新区（自贸区）区块链技术应用，促进区块链企业创新集聚发展
泉州市	6月15日	《泉州市人民政府办公室关于印发〈加快区块链技术应用发展的若干措施〉的通知》	从积极引导产业集聚发展、大力推进重点领域示范应用、构建完善良好生态体系、持续提升风险防控能力四个方面推动区块链技术应用和产业创新发展，实现区块链技术和实体经济的融合发展
江苏省	6月16日	《江苏省科技厅、省工业和信息化厅印发〈关于加快推动区块链技术和产业创新发展的指导意见〉的通知》	从强化区块链科研前瞻布局、推动区块链产业集聚发展、加快区块链多领域多场景示范应用三个方面将江苏打造成为区块链技术和产业创新发展的战略高地
北京市	6月30日	《北京市人民政府办公厅关于印发〈北京市区块链创新发展行动计划（2020—2022年）〉的通知》	到2022年，把北京初步建设成为具有影响力的区块链科技创新高地、应用示范高地、产业发展高地、创新人才高地，率先形成区块链赋能经济社会发展的“北京方案”，建立区块链科技创新与产业发展融合互动的新体系，为北京经济高质量发展持续注入新动能、新活力
河北省	7月3日	《河北省区块链专项行动计划（2020—2022年）》	将加强区块链理论研究和技术研发，加速区块链产业生态建设，提高区块链应用和管理能力。到2022年末，区块链相关领域领军企业和龙头企业达到20家，培育一批区块链应用产品，力争打造出1~3个全国知名区块链品牌，形成3个具有区域影响力的区块链产业集聚园区，区块链产业竞争力位居国内前列

续表

发布地区	发布时间	名称	内容
广西壮族自治区	8月6日	《数字广西建设领导小组关于印发〈广西壮族自治区 区块链产业与应用发展指导意见〉的通知》 《数字广西建设领导小组关于印发〈广西壮族自治区区块链产业与应用发展规划（2020—2025年）〉的通知》	到2025年，区块链创新应用成果显著，在实体经济、政府治理、民生服务、新型智慧城市和中国—东盟信息港建设等领域形成一批具有示范意义的区块链应用，形成100个特色鲜明、可复制、可推广的区块链典型应用示范。其中，重点强调要培育引进中高级人才1000名以上，建成面向东盟的区块链产业发展高地

注：以上信息来源于各地方政府的官方网站。